发掘孩子的天赋

natural gift

康丽梅 编著

每个孩子都是暂时被沙砾盖住的珍珠。

康丽梅
2020年1月于北京

机械工业出版社
CHINA MACHINE PRESS

天赋，是每个孩子都具备的最宝贵的天然财富。父母只有及早发掘孩子的天赋，才能因势利导地指导孩子扬长避短、提升天赋。本书介绍了具体又简便易行的方法，并提供了大量生动、有趣、贴近生活的案例，条理清晰、可操作性强，父母在阅读后可以受到很好的启发，并能将具体的方法应用到培养孩子的过程中。本书还推荐了众多适合0~6岁的孩子和父母一起玩的亲子游戏，让全书内容更显活泼，而且也能够为育儿增添很多快乐。

图书在版编目（CIP）数据

发掘孩子的天赋 / 康丽梅编著. —北京：机械工业出版社，2019.10（2020.1重印）
ISBN 978-7-111-63873-5

Ⅰ.①发… Ⅱ.①康… Ⅲ.①儿童教育-家庭教育 Ⅳ.①G78

中国版本图书馆 CIP 数据核字（2019）第 217713 号

机械工业出版社（北京市百万庄大街22号 邮政编码100037）
策划编辑：王淑花　　责任编辑：仇俊霞　王淑花
责任校对：孙丽萍　　封面设计：严娅萍
责任印制：张　博
三河市国英印务有限公司印刷
2020年1月第1版·第2次印刷
145mm×210mm·7.75印张·147千字
标准书号：ISBN 978-7-111-63873-5
定价：49.80元

电话服务　　　　　　　　网络服务
客服电话：010-88361066　机　工　官　网：www.cmpbook.com
　　　　　010-88379833　机　工　官　博：weibo.com/cmp1952
　　　　　010-68326294　金　书　网：www.golden-book.com
封底无防伪标均为盗版　　机工教育服务网：www.cmpedu.com

序一

　　我初识康校长,还是在樊登小读者的筹创期。那时我们的团队只有十来个人,正在风风火火地招商,说是招商,也就是给各地的伙伴们讲故事。有朋友向康校长推荐了我们,她就来听我的"故事会"了,一脸的微笑谦和。我相信这微笑谦和是有力量的,于是康校长就做了我们内蒙古地区的掌舵人,内蒙古也因此成了我们樊登小读者的宝地。

　　康校长是很少讲自己的故事的,但她的朋友、同事都喜欢讲她的故事。于是我大体了解了这微笑谦和的力量的来源。起初,她是一位巴盟的上班族妈妈,很重视孩子的学业,但发现当地的英语老师实在是口音太重,怎么办?我们都学过"孟母三迁",康校长则是一次到位,直接把家搬到北京来了。孩子的学习问题解决了,但大人的工作怎么办呢?那就从零开始呗——先是打工,打工优则创业,创业优则获奖。康校长获得过"来京务工人员文明百星母亲""北京市优秀进京创业青年"的荣誉,还四次被北京市海淀区评为优秀外来务工青年。

　　北京市的北漂人员数量千万级,为什么这么多奖都要"砸"

给一个普通的妈妈创业者？是因为康校长的大格局！

格局大、胸怀大！这是樊登小读者内蒙古的小伙伴们一致给康校长的标签！康校长会不遗余力地支持大家，哪儿有读书会在哪儿讲，曾经一天讲过6场！当然这也是她一贯的风格。当初在京创办餐饮店时，她给每位店员买书并带他们读书，让店员通过阅读提升自己，确定人生目标。读书优则提拔，工作优则给股份。当年那些大厨和店员，都成了她的合伙人，而且后来很多人的股份占比比她的还大。康校长还带领店员在京津冀买车、买房，圆了他们的梦想！

店给了别人，自己怎么办？继续创业呗！因为儿子，因为在北京的耳濡目染，康校长深感教育资源的不平衡，于是她把巨人教育引入内蒙古，自己也投身教育行业！也因为投身教育，她发现家长们只关注孩子的成绩，让孩子上各种补习班，虽然孩子的分数有所提高，但学习热情却在逐渐丧失；而且，虽然家长们都知道阅读重要，但到实际行动时，却往往让孩子将阅读放到写作业、上补习班之后。于是她就在培训学校资金紧张、合伙人不太愿意的情况下，坚持创办了好乐书院。自己身体力行，通过一场场公益讲座唤醒家长阅读！多阅读，自然就会导致康校长培训收入降低。但当一个人的初心是真正为了孩子，真正遵循教育的规律，而不是为了赚钱时，康校长赢得了孩子们，以及培训学校的合伙人和老师们发自内心的尊重，大家尊称康校长为"康妈妈"！

今天，康妈妈要出一本关于教育的书了，我满怀期待。说到天赋，要知道世界上没有两片完全相同的树叶，每个孩子也都是独一无二的天使。如果家长能够和孩子一起找到孩子的那个兴趣点、那个敏感点、那个理想、那个渴望，并接纳他、尊重他、鼓励他，为他创造条件，就会帮孩子创造自己的发动机，而不是把一个个小天使送入教育这部大机器，试图培养出一个个叫作"成功孩子"的标准产品。要知道每个孩子的"原材料"就大不一样，岂能被打造成一样的产品——这样的做法只会磨掉他们的灵性、天赋和棱角，让他们成为没有发动机的"手推车"！因此，发掘孩子的天赋可谓是解放孩子的第一步！

那么怎样发现孩子的天赋？又怎样培养孩子的天赋？这样的书和文章可谓是汗牛充栋，有的高深晦涩，有的剑走偏锋，有的卖焦虑，有的卖名气。但康校长的书，一如她的微笑谦和，文字平和，道理朴实。对我而言，最喜欢的是她的书中那些特别接地气的案例。要知道，既然每个孩子都是独一无二的，那就没有一概而论的方法。如果家长能从这些案例里咂摸出点适合自己的养分来，那孩子的教育就生根了！

孩子有自己的天赋，那教育孩子的人——我们这些做家长的要不要天赋呢？在我看来，爱就是教育的天赋！也许你会说，这还不简单，哪一个家长不爱自己的孩子？但扪心自问，你可能愿意为孩子付出生命，但你愿意为了孩子去学习吗？你愿意为了孩子放弃己见吗？爱孩子，从懂孩子开始，从懂了就做开始。这才是真爱，大爱，教育者的天赋！

康校长就是这样一位充满真爱和大爱的人。她的爱陪伴孩子闯荡北京、海外，让孩子获得名校研究生学位；她的爱陪伴她的创业团队屡次立业、成功；她的爱帮更多的孩子从"手推车"变为"小跑车"！这也是我们每一位教育人的理想！

爱是我们为人父母的天赋，愿我们所有父母都用好这样的天赋！

肖宏文

樊登小读者 CEO

序二

　　每个孩子都是暂时被沙砾蒙住的珍珠。

　　作为一个九岁孩子的父亲，我当前其实有很多教育方面的困惑。很多时候我们努力了，却总是方法不得当，给孩子报了很多的培训课程，可往往就是事与愿违，不但没有效果，还加重了孩子的负担。读完康校长的《发掘孩子的天赋》一书，让我犹如在海上航行时看到了前方的灯塔，豁然开朗，柳暗花明。

　　孩子生来不仅仅是一张白纸，更是一颗光芒内敛的珍珠，只是暂时被沙砾蒙住了他们的华彩。我们能做的只是帮助孩子把这些沙砾吹走，让他们焕发生命本来的光芒。有个故事给我的影响很大，故事是这样的：有个农夫无意间从地里挖出一块宝石，他想把宝石雕刻成一个摆件。说干就干！于是，从来没有学过雕刻技术的农夫用他的锄头开始雕刻。但很快出现了问题，他不小心把宝石弄碎了。那就雕刻一个小一点的把玩件儿吧，农夫继续他的雕刻，可是他还是由于用力过猛搞砸了这个把玩件儿。此时看来只能雕刻一个更小的挂件了。农夫小心翼翼地雕刻挂件，当快要成型的时候，他还是手一滑把挂件碎成了两半。农夫很懊恼，他踢了一脚碎了一地的宝石,嘴里还念叨了一句"原来你只是块丑石头,根本不是什么宝石"。

这个故事像极了我们的教育,哪一个孩子不是老天赐给我们的珍珠或宝石呢?我们总说"白纸好画画",于是我们由着家长的兴趣,用错误的方法和工具肆意描绘着孩子的未来,或者简单粗暴或者娇纵惯养。我们怪孩子不努力,却从未反思过我们的教育方法是否得当。

通篇读完康校长的《发掘孩子的天赋》一书,用时下比较流行的话说就是"满满的干货"。康校长根据自己多年从事教育工作的宝贵经验,总结出发掘孩子八大天赋的具体方法,文字通俗易懂,案例生动形象。例如,很多父母希望孩子能养成阅读习惯,并通过阅读养成独立思考的好习惯,其实方法很简单——父母和孩子一起捧起书,孩子就会爱上阅读。和孩子一起发现、发掘他的天赋,这一点很值得年轻的父母和教师去思考和践行。

相信每个孩子都是暂时被沙砾蒙住的珍珠,只要我们方法得当,他们一定能创造出精彩的未来。

致敬所有像康校长一样的教育工作者。

致敬每一位能尊重孩子的宝爸宝妈。

致敬所有如珍珠般的美好生命。

老曹

樊登小读者包头分会会长

前 言

  天赋，就是天生的才能、自然的禀赋，是与生俱来的特性，能够让人在不同的领域拥有特别优秀的表现。

  很多父母都认为天赋只有某些幸运儿才会拥有，其实，这种认知并不准确。事实上，每个孩子都具备一定的天赋。只不过在成长的过程中，有的孩子获得了适于天赋发展的条件、环境，因而逐渐展现出了超人一等的能力，并最终成为某领域的成功人士；而其他孩子的天赋却因为种种原因没有获得充分的发掘，导致长大后也没能表现出与众不同的才能。

  那么，怎样才能成功地发掘孩子的天赋呢？这就需要父母改变急功近利的心态，在孩子顺其自然的成长过程中，逐渐发掘和培养他们的潜在天赋。

  根据研究，孩子的天赋主要包含几个领域：音乐天赋、舞蹈天赋、绘画天赋、表演天赋、体育运动天赋、语言文学天赋、数学天赋、科学创造天赋等。要发掘孩子的天赋、激发孩子的潜能，父母除了要有极大的耐心去长期观察孩子的表现外，还要具备足够的科学育儿的知识，学习更多的儿童心理学知识；同时，还要多总结养育孩子的经验和技巧。

为了指导父母科学地发掘孩子的天赋,作者从多年的教育经验和研究结论出发,综合了国内外最新的天赋教育理念和知识,总结成一整套系统的发掘天赋的方法,并以平实、客观、中肯的态度撰写成此书,希望能够让父母在阅读后有所启发、有所感悟。这也是作者编写本书的初衷。

本书汇聚了中外实用的育儿智慧,为父母奉献了一系列来源于生活的引人入胜的案例,以及相关的点评和建议,希望能全面地体现天赋教育朴素的思想精粹。在书中作者对家庭教育中常见的认识上的误区、方法上的错误,以及种种疑难困惑做了细致的探讨与分析。在本书中,父母不仅能够了解天赋的重要性,更能在平时的生活中"对号入座",更加清楚自己的孩子的能力和特质,从而能够发掘孩子的天赋,激活孩子的潜能,帮助孩子最终走向成功。因而,本书适合作为一本非常实用的家庭教育指南。

孩子的天赋就像蕴藏丰富的矿脉一样,值得父母用心去探索。让我们带着欣赏和肯定的心,以耐心和敏锐的目光,去发掘孩子身上的"闪光点"吧!

目录

序一
序二
前言

第一章 孩子的天赋是需要发掘的

从"差生"到"天才"的奥秘 / 002
让孩子按照天赋自由成长 / 006
切莫对孩子的天赋视而不见 / 010
天赋,越早发掘越有益 / 014
发掘天赋可改变孩子的未来 / 018
捕捉孩子身上的天赋信号 / 023
从孩子的兴趣中发掘天赋 / 028
为孩子创设天赋萌发的环境 / 032
适度鼓励,让天赋不断强化 / 035

第二章 如何发掘孩子的音乐天赋

引领孩子接触和欣赏音乐 / 040
在倾听中感受孩子的音色特点 / 044
学会鉴定孩子的天赋乐感 / 048
了解孩子的音域特点 / 052
为孩子选择最适合的乐器 / 056
合理发掘孩子的音乐天赋 / 060
让孩子在游戏中快乐地学习音乐 / 064
让音乐生活化,放飞孩子的灵性 / 067

第三章 如何发掘孩子的舞蹈天赋

学会发掘孩子的舞蹈天赋 / 072

做孩子的编外"舞蹈教师" / 076

帮孩子找到学舞蹈的趣味性 / 080

给孩子创造舞蹈"演出"的机会 / 083

延迟满足孩子接受专业训练的心愿 / 086

第四章 如何发掘孩子的绘画天赋

鼓励孩子进行最初的绘画"创作" / 090

把握好孩子的"色彩敏感期" / 093

引导和提升孩子的观察力 / 097

创设充满艺术氛围的家庭环境 / 100

给孩子提供更多的绘画灵感 / 103

第五章 如何发掘孩子的表演天赋

发掘表演天赋,从提升模仿力开始 / 108

帮助孩子丰富自己的肢体语言 / 112

启发孩子自如地运用表情表达情感 / 115

鼓励孩子把故事里的情节演出来 / 118

引导孩子对表演内容进行合理改编 / 121

第六章
如何发掘孩子的体育运动天赋

重视孩子的体育运动天赋 / 126
引导孩子掌握和提升运动技巧 / 130
鼓励孩子积极从事体育锻炼 / 133
让孩子多参与户外运动 / 137
鼓励孩子多参加团体运动项目 / 140
和孩子一起做简单、有趣的运动 / 143

第七章
如何发掘孩子的语言文学天赋

让孩子自然地复述听过的故事 / 148
引导孩子用自己的语言编故事 / 151
鼓励孩子在朗读中培养"语感" / 154
和孩子一起读优美的童谣 / 158
引导孩子多朗读古诗 / 162
选择最佳时机开始识字训练 / 166
循序渐进地增加孩子的词汇量 / 170
让孩子多读经典名著 / 173
引导孩子定期做读书笔记 / 177

第八章
如何发掘孩子的数学天赋

引导孩子形成基本的"数感" / 182

从认识图形开始打开学数学的通道 / 185

帮助孩子建立起最初的空间概念 / 188

想办法提升孩子的数理逻辑能力 / 191

和孩子一起玩各种"数学游戏" / 195

让孩子在理财活动中学习数学知识 / 199

第九章
如何发掘孩子的科学创造天赋

尽量满足孩子强烈的好奇心 / 204

鼓励孩子亲自动手去实践 / 208

在生活中不断激发孩子的求知欲 / 211

培养孩子主动提问的能力 / 215

帮助孩子养成独立思考的好习惯 / 219

通过阅读百科图书培养孩子对科学的兴趣 / 223

用科幻作品激发孩子的想象力 / 227

用益智玩具启发孩子的科学思维 / 230

第一章 孩子的天赋是需要发掘的

从"差生"到"天才"的奥秘

有些父母可能会有这样的抱怨:"我的孩子一点天赋都没有,不喜欢学习,成绩也是一塌糊涂,让我感到十分失望。"

可是,孩子真的是没有天赋吗?如果单从学习成绩出发,就随意下这样的结论,显然是非常草率,也是很不负责任的。

事实上,每个孩子都有自己的特长和天赋,关键要看父母如何去发掘。如果父母对自己的孩子有足够的信心和无条件的爱,愿意用心去了解孩子的个性特点和日常行为,再采取一些巧妙的启发办法,就不难发掘出孩子的潜能和天赋。

案 例

台湾作家刘墉不仅拥有一份成功的事业,还有一双让他引以为豪的子女。女儿天资聪颖,成绩优秀,14岁的时候就获得了"美国总统奖",被人们称为"天才少女"。可儿子的成长却没有这么顺利,有一段时间儿子厌学逃学、调皮捣蛋,成了不折不扣的差生。

刘墉在连续几次被老师请到学校谈话后,开始思考一个问题:

第一章
孩子的天赋是需要发掘的

难道儿子真的没有学习的天赋吗？不，不是这样！他立刻否定了自己的想法。在平时和儿子相处的过程中，他知道儿子非常聪明，也很有创造和钻研的天赋，可惜他就是不肯把这些才能用在学习上。

刘墉决心发掘儿子的天赋。他先是用平等的态度和儿子谈话，问他的梦想到底是什么。当儿子回答"我只想成为像舒马赫那样的赛车手，不想学习"的时候，刘墉笑着说："舒马赫考过零分，可你每次都能考个'C'！"

刘墉的话激发了儿子的好胜心，他不服气地说："考零分有什么了不起！"

刘墉发现儿子已经"上钩"，高兴地说："那我们来打个赌，只要你能考零分，我就再也不干涉你的学业。可要是没有考到零分，就得好好去学习，不能逃课，也不能开小差；考卷也要全部答完，不能交白卷，也不能故意空下题目不答。这些要求你都能做到吗？"

儿子立刻大声回答："当然能！"在他看来，考零分是天底下最容易的事情。谁知真正去做的时候，却比想象中要困难得多：会做的题目想要故意答错固然简单，可不会做的题目即使乱蒙一通也可能正好蒙对答案，所以他每次都无法获得零分。

在几次挑战"零分"失败之后，儿子把自己关进了书房，自觉地做起了练习题。说来奇怪，当他一门心思钻研题目的时候，平时那些像"天书"一样的知识竟然变得有趣起来；有些难题就连班里成绩最好的学生也感觉棘手，可儿子却通过自己的思考顺利地得到了答案。这让他觉得十分满足和自豪……

就这样，儿子一次次地主动学习，一点点地弥补知识的缺漏。一年后，他终于考到了第一个零分！

儿子开心地捧着考卷向父亲"报喜"，刘墉却笑眯眯地说："恭喜你，你现在已经能考满分了！"

儿子愣住了，可再一回想，发现确实是这样。因为现在试卷上所有的题目都已经难不住他了，更重要的是，他还发现自己在解决创造性题目时很有才能。直到这时，他才明白父亲鼓励自己考零分的真正目的。

看着儿子若有所思的样子，刘墉语重心长地启发道："你其实是一个很有天赋的孩子，我相信你能做到更好，你觉得呢？"

刘墉的话让儿子充满了信心。从那以后，他从一个地地道道的"差生"变成了积极上进、充满求知欲望和钻研精神的"天才"。16岁时，他进入了茱莉亚音乐学院先修班学习钢琴和作曲，后来又进入哈佛大学深造，并先后考取了硕士、博士学位。现在，这位曾经的"差生"早已功成名就——不仅是一位国际知名的音乐人，还是成功的专栏作家和主持人。

孩子能够从"差生"一跃成为"天才"，其中的奥秘就在于父亲刘墉对于他的天赋有正确的判断，并能够采取巧妙的方法发掘其天赋，最终才能获得如此理想的结果。

在刘墉看来，学习成绩的好坏并不能与孩子的天赋高低画上等号。在现实生活中,有的孩子没有培养出对学习的兴趣,有的孩子还没有掌握学习的方法,有的孩子没有形成正确的学习习惯,凡此种种原因都会导致成绩不佳。但父母绝对不能因此就否定孩子的天赋,更不能对他们的能力进行一再的贬低,否则会严重打击他们的自信心,也会增加他们的厌学心理。更严重的是,孩子也会失去很多展现天赋的机会,这对他的成长来说无异于一种灾难。

因此,当孩子被打上"差生"标签的时候,父母不要急着去批评他们,而是应当像刘墉一样先进行反思:看看自己引导孩子的方式是不是存在问题,再看看孩子是不是缺少一个恰当的"天赋启发点"。

如果确实存在这些问题,父母就需要调整自己的教育方式,不要一味地灌输现成的知识给孩子,也不要总是催促他们或逼迫他们学习某些技能,而是要多给他们一些表现自我的机会,以便引导他们逐渐地发掘出自己的天赋。

在这个过程中,父母可以根据孩子的性格、气质设计一些"对症"的启发方法。比如刘墉就针对儿子不服输的性格设计了激将式的启发方法,将孩子的进取心、积极性被彻底激发了出来,使他愿意自觉地、主动地调动自己的才能去解决实际问题,从而顺利地发掘出了他的天赋。父母可以参考这种办法,但也切记不能完全照搬照抄,而是要针对自己孩子的特点去启发和激励,这样才能产生满意的效果。

让孩子按照天赋自由成长

对于孩子今后的成长方向，很多父母可能都会有自己的想法和期望。不过父母必须认识到一点：与其让孩子按照父母设定的方向发展，让孩子来达成父母的某种期待，不如认真地发掘和保护孩子的天赋，让他们能够按照自己的天赋自由地成长。

案 例

著名主持人杨澜在教育孩子方面曾经走过一段弯路。在她的儿子刚满 5 岁时，杨澜和很多心急的父母一样，早早地给孩子设定好了成长的方向，希望孩子能够如自己所想的那样成为一名出色的钢琴家。

然而，杨澜并没有考虑儿子是否具有音乐方面的天赋，也没有关注儿子真正的兴趣所在，就匆匆忙忙地选择了一所非常有名的音乐培训学校，给儿子报了名。

为了鼓励儿子学钢琴，杨澜一遍又一遍地说："这家培训学校培养出了不少音乐神童，妈妈好不容易才给你报了名，你一定要

第一章
孩子的天赋是需要发掘的

珍惜机会,好好学钢琴,不要让妈妈的努力白费。"可是,儿子却并没有感受到杨澜的苦心,每次去弹钢琴前都要哭闹一番。最终杨澜只能强行把孩子带到学校,并亲眼盯着他走进教室。

这种逼迫式的教育遭到了儿子的强烈抵触。开始,他只是不认真练习;后来,他干脆在课堂上故意捣乱。杨澜批评了他很多次,都没有起到任何效果,反而让母子关系变得非常紧张。

转眼两年时间过去了,儿子的琴艺没有丝毫进步,这不免让杨澜非常失望,但她还是没有放弃努力。有一次,她带着儿子去奥地利欣赏音乐会,当她沉浸在动听的音乐声中时,儿子却在座位上不耐烦地扭动着。她非常生气,低声命令儿子"保持安静"。儿子只好停止动作,像木偶一样呆坐着,表情看上去十分痛苦。

好不容易等到音乐会结束,在回酒店的路上,杨澜启发儿子:"刚才在台上表演的都是世界级的音乐大师,你觉得他们的演奏怎么样,是不是特别美妙?"

儿子想了想,皱着眉头回答:"不,一点都不美,我好像听到有很多大象在痛苦中绝望地奔跑!"

在这一刻,杨澜忽然意识到自己可能弄错了孩子的培养方向,他确实没有音乐方面的天赋,也没有什么学钢琴的兴趣。不过她还是不肯死心,就和儿子商量说:"只要你能够通过钢琴4级考试,以后就可以自由选择自己想学的东西。"

儿子痛快地答应了。从那以后,他不用杨澜督促,开始自觉地学钢琴,进步可以用"突飞猛进"来形容。杨澜开心极了,以为儿子是"开窍"了。谁知他刚刚通过了考试，就正式宣布："我再也不会弹钢琴了！我要学画画。"

对于这样的结果，杨澜虽然不满意，却也只能信守承诺，帮孩子报了正规的绘画班。没想到，儿子在绘画方面真的很有天赋：他对色彩十分敏感，又善于观察，能够捕捉到一些容易被人忽视的艺术细节；刚学绘画几个月，他创作出的作品就得到了老师的多次称赞；几年后，他画出的几幅杰作竟然入选美国当代美术馆，还曾多次在北京798艺术区的画廊中展出，得到了专业人士极高的评价。

此时杨澜在欣慰之余，又觉得非常后悔——如果不是自己一厢情愿地强迫孩子学习音乐，孩子就会有更多的时间来提升绘画天赋，也许会取得更大的成就……

对于孩子的成长、成才问题，作为母亲的杨澜可以说是操碎了心。可遗憾的是，她没有在孩子最关键的启蒙时期用心发掘他真正的天赋，而是从自己的主观意愿出发，强迫孩子去从事自己喜欢的事情。结果不仅白白虚耗了时间和精力，还干扰了孩子正常的天赋萌发和提升过程。

杨澜的育儿故事也启发了我们：在孩子的教育问题上，父母切忌对孩子灌输自以为是的价值观，更不能把孩子当作是实现自己未完成的梦想的延续，而强迫孩子按照父母的意愿去学习和生活。父母应当把孩子当成一个独立的个体，要意识到他们有自己

第一章　孩子的天赋是需要发掘的

的个性，有自己的思想，要尊重他们的话语权和自由意志；并要多和他们进行平等的沟通，以便找到他们最擅长的东西，再给他们提供和创造发展这一天赋的环境和条件。

当孩子的天赋表现得还不太明显时，父母要用心去观察并感受孩子。如果发现他们对于某一方面表现出了特殊的敏感和强烈的好奇心时，父母一定要顺势引导，并给予全力支持，这样才能为孩子日后沿着自己的天赋发展而创造条件。

需要提醒的是，在孩子的天赋逐渐萌发的过程中，父母要减少一些功利心，不要立刻就给孩子安排过于密集的培训课、辅导班等，否则会让孩子感到乏味、辛苦，更有可能会产生逆反心理，不愿意继续学习。这样只会导致孩子的天赋被埋没。因此，父母应当时刻注意提醒自己，最科学的发掘孩子天赋的原则是"顺其自然"，只有让孩子的天赋得到自由发展，才能让他们不断超越自我，成为真正的人才。

切莫对孩子的天赋视而不见

天赋是需要被发掘的，否则它就会像蒙上尘埃的珍珠，被父母和孩子自己忽略和遗忘。

这样的问题在现实生活中并不少见。有很多父母会在生活上给予孩子无微不至的照料，但在发掘孩子的天赋时却又表现出异乎寻常的粗心——有的孩子多次在父母面前表现出了对动物、植物、机械、色彩、音乐、绘画或书法等方面强烈的敏感，父母却视而不见，没有抓住时机去发掘和培养孩子的天赋，以致因为错过了某方面的敏感期而贻误了孩子成才的最佳时机。这是非常令人惋惜的。

案 例

马女士有一个活泼可爱的5岁半的儿子。为了让孩子能够健康成长，马女士和丈夫花费了不少心思，无论是孩子的饮食、穿着都精心安排，生怕孩子冻着、饿着。孩子在他们的悉心哺育下，身体的确非常健康、结实。

第一章
孩子的天赋是需要发掘的

然而让马女士感到烦恼的是，这个孩子特别淘气，每天在家里总是不停地摸爬滚打，一刻也坐不住。让他自己出门去玩，他却闹着要看蚂蚁搬家，结果浑身弄得跟个"泥猴"似的。有一次儿子过生日，马女士给他买来了他最喜欢的玩具小汽车，谁知汽车到他手上才两天，就被拆得七零八落，再也无法拼装成原样。马女士看价值不菲的小汽车被孩子这样"糟蹋"，成了一堆没有价值的"废铜烂铁"，感到非常生气，就重重地责罚了孩子。孩子被马女士的严厉态度吓坏了，从那以后很少再拆卸玩具。

后来，马女士无意中把这件事讲给一位当小学教师的朋友，那位朋友听完后马上皱着眉头说："你怎么能随便责备孩子呢？要知道，他喜欢观察小动物的活动、喜欢拆卸玩具，正说明他好奇心强，渴望研究各种奇妙的现象。这是多么可贵的天赋啊，你不但不该阻止他，还应该好好鼓励他、启发他，让他多做些这方面的尝试，说不定就能发掘出他的科学天赋，把他培养成优秀的科研人才呢！"

朋友的一席话让马女士后悔不已。从那以后，她听从这位朋友的建议，给孩子买回来一些易拆装的玩具。为了鼓励孩子动手，马女士还和孩子一起拆卸一些结构比较复杂或容易损坏的玩具。在拆装玩具中让孩子不仅满足了好奇心，也启发了思维。同时，马女士还为孩子购买了一些内容生动有趣的科普读物，带着孩子一起阅读、学习。孩子对这些很感兴趣，在阅读中学到了不少宝贵的知识，还产生了一些奇思妙想，想要自己做些小发明。

孩子把自己的想法告诉了马女士,她非常高兴,马上鼓励孩子:"这个点子真不错,需要妈妈帮你做些什么吗?"要是孩子的想法不可行,她也会建议孩子换个角度积极思考。

在马女士的帮助下,孩子逐渐培养起了科学发明的兴趣。马女士还陪孩子一起想象,帮他购买材料,和他一起做设计,从而让孩子的科学天赋得到了充分的发掘。没过多久,孩子竟然做成了几件不错的小发明,成了幼儿园里的"小小发明家"。

假如马女士没有这样一个巨大的转变,那么科技园地里的一株幼苗恐怕就会夭折了。这个真实的案例也提醒我们:在日常生活中,父母不要总是从成人的角度、用成人的眼光去衡量孩子的行为和表现,认为孩子是"淘气""不听话",以致忽视了孩子可贵的天赋。父母应当做到慧眼识珠,才能够及时地了解孩子身上多方面的潜在天赋。

比如:孩子在和小伙伴一起玩游戏时,常常喜欢扮演发号施令的角色,这可能会给人留下霸道之类的印象,但却说明孩子有一定的领导力天赋;孩子很善于重新排列物品,在幼儿园、学校里能够有条不紊地给同学们安排座位,这就彰显出了他的组织能力天赋。

再如:有的孩子会把父母给的零用钱积攒起来,购买自己喜欢的东西;有的孩子甚至还能在消费时进行简单的分析和评估,买下自己认为更便宜、更实惠的商品。这些在成人看来可能不足

第一章
孩子的天赋是需要发掘的

为奇，但却常常是孩子具有优秀的理财天赋的表现。

另外，有的孩子的好奇心特别强烈，看到什么都要问一问、摸一摸，喜欢向父母提出一个又一个"为什么"，渴望从父母那里得到答案。这可不仅仅是因为孩子无知，而更是孩子具有科学天赋、热衷于追求真实学问、乐于探索、勤于思考的表现。如果孩子像案例中马女士的儿子一样喜欢动手拆卸、研究、制作东西，这常常意味着他们具有一定的创造能力和设计天赋。

此外，如果孩子很喜欢同人讲话，有时可能说得过多，但他说话并不是语无伦次，而是很有条理、有板有眼，这常常说明他们有着特殊的语言天赋、演讲天赋……

总之，孩子身上潜在的天赋还有很多很多，父母只要留心观察、用心体会，就会有很多惊喜的收获。之后，父母就知道应该从哪个方向对孩子进行有针对性的发掘和培养，也就能够顺利地找到打开孩子天赋大门的钥匙了。

天赋，越早发掘越有益

每个孩子都是一个独特的个体，都有一种或多种特殊的天赋，才能或特质。这是孩子与生俱来的潜能宝藏，越早得到发掘和培养，就越能得到充分的发挥和利用；但若不在特定的时间及时发掘，就会逐渐被埋没。

对此，父母一定要有清楚的认识，要多学习一些有关天赋萌发的科学知识，同时要掌握孩子成长的规律，这样才不会错过天赋发掘的最佳时机。

案 例

在美国洛杉矶出生的小女孩伊丽莎白2岁时就表现出了异乎寻常的绘画兴趣。她经常会在吃饭的时候，用短短的手指蘸着番茄酱在桌子上涂涂画画；有时还会在墙上涂鸦，没过多久，家里所有的墙壁都被她涂满了各种各样的线条、色块。她的父母研究过很多早教书籍，认为这是女儿有绘画天赋的表现，所以他们不但不阻止她乱涂乱画的行为，反而还会为她创造条件去练习。墙壁

第一章
孩子的天赋是需要发掘的

画满了,爸爸就将它们粉刷成白色,让伊丽莎白可以尽情地"作画";妈妈也会陪在女儿身边,不时地鼓励她,称赞她说:"你画得真漂亮,使用的颜色美极了!"

等到伊丽莎白再长大一些,父母领着她去博物馆欣赏大师留下的传世杰作,以便让她的艺术天赋能够得到更好的发掘。在这里,伊丽莎白又表现出了与众不同的天赋。她不像别的孩子那样走马观花地欣赏藏品,满足一下自己的好奇心,而是长时间地细心观察着每一件艺术品,还经常发表自己的看法。这让父母感到十分惊喜。

经过一段时间的艺术熏陶后,伊丽莎白满怀信心地开始了自己的创作,7岁的她画出的水彩画让很多成年画家都自愧不如。挪威儿童博物馆还向她发出了邀请,并展出了她的部分作品,她也因此一炮而红。来自世界各地的收藏家们争相购买她的画作,一幅水彩画标价甚至可以达到5000美元。

伊丽莎白自己对此却很不满足,她又开始从事一种独特的创作形式——"活生生的绘画",就是用人体彩绘来装扮真人模特,再制作出相应的道具、背景,展现出一种油画般的艺术场景。这种创作对于艺术家的审美能力、绘画技巧都是一种极大的考验,可年仅11岁的伊丽莎白却乐此不疲。有时为了描绘出逼真的场景,她甚至能够整整一周待在画室中琢磨配色与笔法的细节。对此她的父母更是乐见其成,为了支持孩子的天赋成长,父母索性把车库进行了彻底改造,做成了一个现代化的工作室。另外,父母平时也会协助女儿准备服装面料、收集道具、装置场景。在父母的鼓励下，伊丽莎白成功地创作出了很多富有生命力的作品，成为全球知名的小艺术家。

伊丽莎白能够成为绘画"神童"，进而成为颇有名气的少年艺术家，这与父母对她天赋的早期发掘和培养是分不开的。正是因为父母很早就开始对她进行引导，为她创造了天赋萌发的环境和条件，才让她取得了如此巨大的成就。

现在，虽然很多非常重视对孩子天赋的发掘和培养，但却没有抓住那个最佳的时间点，以至于错过了很多宝贵的时机，这是非常可惜的。其实，对孩子天赋的开发应当是越早越好。这是因为孩子在3岁以前，大脑发育处于一个极速增长的阶段，观察力、注意力、记忆力、思维力、想象力、创造力以及动手能力、语言表达能力等都在飞速提升，所以父母对于孩子天赋的发掘，也要从这个阶段开始，否则就会白白错过天赋发展的关键期了。

比如有的父母在孩子七八岁的时候才开始系统地对孩子进行天赋发掘，可此时孩子大脑的复杂性和丰富性已基本定型。虽然孩子的各项能力发展仍在继续，但发展空间却比较有限了。这就等于错过了培养孩子的最佳机会，这种损失可能是以后用一生也无法弥补的。

苏联著名心理学家巴甫洛夫曾经这样说过："婴儿降生的第3天开始教育，就迟了两天。"这句话固然有些夸张的成分，但也明

第一章
孩子的天赋是需要发掘的

确地指出了对孩子天赋的发掘和培养是宜早不宜迟的。因此，父母应该尽早行动，要有计划、有步骤地发掘孩子的天赋。

必须指出的是，对孩子天赋的尽早发掘并不意味着要对孩子进行超前教育。也就是说，对于天赋的开发应当符合孩子的成长规律和自身特点，切不可脱离孩子的实际情况而盲目进行。有的父母让3岁的孩子学习写字，还认为这样就是在发掘语言天赋、书法天赋，可这并不符合孩子的成长规律。因为这时候孩子的手指关节发育不成熟，他们连笔都拿不稳，过早练字不但练不出成果，还会造成手指变形甚至畸形的后果。所以父母一定要停止错误的引导，改为让孩子先接触汉字，培养出识字的兴趣，再在"因势利导"的大前提下发掘孩子的语言天赋，这样才不会犯"揠苗助长"的错误。

发掘天赋可改变孩子的未来

著名的亲子教育专家周正教授曾经说过"每个孩子身上都潜藏着独一无二的天分、优势"。的确,每个孩子都有成为"天才"的可能,关键要看父母有没有认识到天赋的重要意义,有没有通过正确的方式发掘孩子的天赋。

在现实生活中,大多数孩子的天赋是没有被充分发掘的,在他们长大成人后,所从事的工作也跟天赋没有太大关联,他们中的很多人最终难免会走向平庸。想要避免出现这样的结果,想要改变孩子的未来,让孩子获得成功和幸福,父母就应当努力挖掘他们的天赋,激活他们的优势,帮助他们发展出专属于自己的"核心竞争力",这样他们才有可能自信地拥抱当下,赢在未来。

案 例

郁先生的女儿出生时,因颅内出血浑身抽搐、失去知觉,后来经过医生紧急抢救,才保住了生命。但医生也遗憾地告诉郁先生,他的女儿智力发育会出现问题,很可能会成为低能儿。

第一章
孩子的天赋是需要发掘的

这个不幸的消息让郁先生一家难过万分，但郁先生却没有绝望。他查阅了大量资料，发现孩子的智力恢复并非全无希望，如果能够对脑细胞和感官不断施以有益的刺激，就有可能消除颅内出血产生的后遗症。

从出院后开始，郁先生就为孩子制订了一个周密的康复计划。首先，他认为音乐刺激能够协调大脑功能，提高思维能力，还能带给人心灵的愉快、满足，对女儿的恢复很有帮助。于是他买来了一套音响设备，并精心选择了一些节奏平和、旋律优美的歌曲和交响乐，每天定时给襁褓中的女儿播放，让孩子早早接触到那美妙的音乐世界。

在听音乐之余，郁先生还专门抽出时间，抱着女儿对她讲话，给她讲故事，向她微笑，并且一边讲故事还一边配合生动的表情和动作。有时，郁先生还拿来一些颜色鲜艳、形状各异的图案或小玩具，让女儿观察和触摸。等女儿稍大一些，郁先生又在家里辟出了一块干净的地面，铺上松软的绒毯，让女儿练习爬和走。

女儿刚一岁时，终于开口说话了，还叫了一声"爸爸"。郁先生激动地流下了眼泪，他知道自己的心血没有白费——女儿的智力发育是正常的。但他没有放松，继续加强对女儿的教育和培养：经常带她走出户外，让她接触更多不同的事物，这样使孩子的视野更加开阔，思维更加敏捷了。郁先生还带着她一起看电影、背儿歌、念古诗、学英语绘本上的小故事……

慢慢地，郁先生发现女儿在学习语言文字方面特别有天赋。

她不但说话早,而且说起来滔滔不绝,对语言的记忆力也很强,还喜欢听故事和读书。于是郁先生就在这一方面对女儿做了重点培养。女儿进步神速:3岁时就能准确、流畅地背诵几十首唐诗、宋词和乘法口诀;5岁时已经掌握了几百个英语和日语词汇,能唱十多首英、日语歌曲,并能进行简单的英、日语会话。

有一次,郁先生夫妇带女儿到公园去玩,路上遇见了两位外国朋友,郁先生鼓励女儿主动去和他们交谈,女儿居然和两位外国朋友进行了5分钟的简单对话。外国朋友竖起大拇指,指着女儿对郁先生连连夸奖:"您的孩子真是太聪明了!"

这一刻,郁先生心中充满了自豪感,他知道自己对女儿的天赋教育取得了成功。从那以后,他更是用心地培养女儿的语言天赋。女儿10岁时,已经能用英语、法语、西班牙语熟练地交流,还多次参加外语演讲比赛,捧回了一个又一个奖杯……

一个曾被预言可能成为低能儿的孩子,居然能够成为聪慧的"神童",这就是发掘天赋创造出的奇迹,同时天赋的展露也为孩子的未来带来了无尽的希望。

科学研究早已证实,人类在出生之前就已具备各种智能及天赋发展的基础。所以即使是出生后有某些缺陷或不足的孩子,只要能够得到适当的引导和培养,都能够使他们在某方面的天赋、潜能被激发出来,并获得发展。相反,如果孩子始终不能获得开发已经具备的某种天赋的条件,那么无论其潜能多大,都不太可

第一章
孩子的天赋是需要发掘的

能被激发出来。

不过,父母在发掘孩子的天赋时,也应当注意不要把天赋和"记忆力"混为一谈。有不少父母误认为孩子能多背几首唐诗、多识几个汉字就是有天赋,于是强迫孩子去背诗、识字。其实这些训练都只是在锻炼孩子的记忆力,而真正的天赋包括多种能力,像孩子的理解力、想象力、观察力、注意力和创造力都可涵盖其中。因此,发掘孩子的天赋应从多方面入手,而且要尽可能地创造条件,让孩子多接触和认识真实的世界,多看、多听、多动手,以更多地探索周围的环境。在这个过程中,孩子的天赋和潜能也会逐渐显现。

为此,父母平时不妨参考案例中郁先生的做法,对孩子多进行音乐熏陶和艺术元素的滋养,多带孩子接触丰富多彩的世界,并多做一些看起来比较普通简单,但却对孩子智力发育有帮助的事情。如搂抱或轻拍孩子,与孩子微笑对视或对话,或者为孩子哼唱歌曲、讲故事、念儿歌等。这些都可以让孩子的早期经历更为丰富,可以收到早期天赋发掘的良好效果。

在畅销书《父母的语言》一书中提到的一组数据,值得我们年轻的父母深思。人类大脑掌握思考和学习的区域,在孩子3岁前便已经开始发挥作用,错过对儿童早期语言能力的培养,就可能造成孩子以后在学业上与其他人的差距。当孩子长到3岁时,来自脑力劳动者家庭的儿童听到的词汇量,比接受福利救济家庭的儿童听到的词汇累计多出3200万。此外,高社会经济地位的家庭训斥孩子相对较少,会更多使用积极的、肯定的词汇,如"你真棒""爸爸妈妈相信你能行";而低社会经济地位的家庭偏好对孩子使用禁忌词和负面词,如"你错了""你真差劲""你做不到"等。结合郁先生养育女儿的真实案例,在这里我强烈推荐父母读一读由美国作家达娜·萨斯金德(Dana Suskind)所著的《父母的语言》一书。

捕捉孩子身上的天赋信号

及时发掘孩子的特殊天赋,并加以培养与引导,是每一位为人父母者的天职。可是,怎样才能发现孩子处于沉睡状态的潜在能力呢?这就需要父母仔细观察孩子的生活和他成长的点点滴滴,带着爱与赏识的目光,去捕捉孩子身上的天赋信号并进行开发,从而使他们的潜在天赋得以发展,这才是事半功倍的教养之道。

案 例

我国著名的翻译家、教育家傅雷先生是一位善于发掘孩子天赋的好父亲。在儿子傅聪很小的时候,傅雷就注重引导他的天赋萌发。那时候,经常有文学界、艺术界的朋友来拜访傅雷,他们在书房中高谈阔论,其中很多观点都充满了幽默和智慧。小傅聪听到了书房中的欢声笑语,很感兴趣,就躲在房门外偷听起来。

有一次,傅雷出门取东西,看见儿子站在门外听得入神,不由得被他逗笑了。傅雷和蔼地对孩子说:"进去听吧,叔叔伯伯们探讨的知识都是你在书本上学不到的。"傅聪一听,连忙走了进去,坐在小板凳上,安静地听了起来。大人们看到他的样子觉得很有趣,都夸奖他是个早慧的孩子。

从那以后,傅雷更加重视给孩子创造启蒙的条件,想要发掘出他真正的天赋所在。因为傅雷自己精通美术理论,又有很多画家朋友,就想先从这方面对孩子进行启迪,发掘出他的美术天赋。可惜事与愿违,傅聪对于绘画实在缺乏灵感,也没有什么兴趣去练习。

傅雷倒也没觉得失望。他就开始仔细观察孩子平时的表现,想要捕捉他身上的天赋信号。有一天,傅雷从门外走进客厅,看到儿子正倚靠在家里的一台老旧的留声机旁,静静地聆听音乐。傅雷不动声色地在一旁看着,只见儿子已经进入了浑然忘我的状态,脸上的表情极为陶醉,手指还在桌面上轻轻地打着拍子。这一刻,傅雷知道自己终于找到了孩子的天赋方向。

第二天,傅雷非常郑重地和儿子谈了一番话,同意他放弃学画而改学钢琴。这个决定让傅聪欣喜若狂。他十分投入地开始了钢琴练习,仅仅几个月后,他背对着钢琴,就能准确地听出每个音符的音高,钢琴老师激动地对傅雷说:"这孩子有一对音乐的耳朵啊!"傅雷也感到十分欣慰,立即拿出积蓄,为儿子买回了一架钢琴,以方便他随时弹奏。

十余年后,傅聪已经学琴有成,年轻的他曾经作为唯一的中国选手,远赴波兰首都华沙参加国际钢琴比赛,并获得了"玛祖卡"演奏特别奖。后来,他的足迹更是遍布五大洲,在国际音乐

第一章
孩子的天赋是需要发掘的

舞台上留下了"钢琴诗人"的美名。人们都说他是伟大的天才,生来就具有音乐天赋和奇妙的演奏技巧,是这个时代最难得的音乐大师之一。

傅聪的这种出类拔萃的音乐天赋,正是他的父亲通过细心观察他在生活中的点滴表现才得以发现的。

假如我们想要发掘孩子潜在的天赋,就要像傅雷这样,善于观察孩子表现出的任何一个极细小的行为,并进行记录和比较,这样才能更加准确地判断出孩子的天赋所在。

美国耶鲁大学的罗伯特·斯滕伯格博士还建议父母先在一张白纸上写下自己对孩子能力、特长等的大概印象,接着把这张纸撕碎扔进垃圾箱里,然后再试着用全新的眼光去观察和了解自己的孩子。这样才能改变一些先入为主的看法,有助于父母获得更加客观的结论。

罗伯特·斯滕伯格博士还制作了一种测验表,以帮助父母根据孩子的日常行为推测他的天赋所在。表格内容如下:

	孩子的日常行为
1	他在背诗和有韵律的句子时很出色
2	他很注意你在愁闷或高兴时的情绪变化,并做出反应
3	他常常问诸如时间从什么时候开始,为什么小行星不会撞到地球这样的问题
4	凡是他走过一遍的地方,他很少迷路

(续)

	孩子的日常行为
5	他走路的姿势很协调,随着音乐所做的动作很优美
6	他唱歌时音阶很准
7	他经常会问打雷闪电和下雨是怎么回事
8	你如果用词用错了,他会给你纠正
9	他很早就会系鞋带,很早就会骑车
10	他特别喜欢扮演什么角色或编出剧情
11	外出旅行时,他能记住沿途标记,去过的地方多有记忆
12	他喜欢听各种乐器,并能辨别它们发出的声音
13	他画地图画得很好,路线清楚
14	他善于模仿各种身体动作及面部表情
15	他善于把各种杂乱的东西按规律分类
16	他善于把动作和情感联系起来,譬如他说:我们做这件事兴高采烈
17	他能精彩地讲故事
18	他对不同的声音发表评论
19	他常说某某像某某
20	对别人能完成与不能完成的事他能做出准确的评价

父母不妨借助上表对孩子的天赋进行一下简单的估计。比如:孩子如果在6、12、18这几条表现得非常突出,这常常意味着他有较好的音乐才能,父母可以鼓励孩子练习乐器、声乐,以便尽早发掘出孩子在音乐方面的天赋;若孩子在4、11、13这几条表现突出,常常代表他有较好的空间想象力方面的天赋,父母可以多带孩子去欣赏大千世界的各种奇观,以便带给他更加广阔的想象空

第一章
孩子的天赋是需要发掘的

间；若孩子在 5、9、14 这几条表现突出，说明他有较好的运动协调天赋，让他从小参加体育训练班或舞蹈班可能就是最佳的天赋发掘方式……

当然，上述这些结论都不可能通过一朝一夕的粗略体会就能得出，而需要父母付出大量的时间和心血，去细心地观察孩子的一举一动。有时父母还要特意给孩子创造独处的机会，以便观察他们在无人干扰的情况下，会倾向于做些什么、说些什么；有时父母还需要通过观察孩子与小伙伴玩耍时的对话和举动来对孩子进行多角度的了解。在此过程中，父母一定要做个有心人，多留意观察孩子生活中的点点滴滴，才会得到更多的收获。

从孩子的兴趣中发掘天赋

孩子在哪方面有潜能，还会从他们感兴趣的事情上表现出来。兴趣会推动着孩子去做他最喜欢的事情，并让他们从中获得很多快乐。在这个过程中，他们即使会遇到困难，也会自觉地克服并坚持下去——这样常常会让他们在该领域学到更多、进步更快。此时如果父母能够准确地从孩子的兴趣中发掘出天赋，再想办法帮助孩子保持这份浓厚的兴趣，就能让孩子在感兴趣的方面逐渐发掘出自己的天赋，从而拥有自己的特长。

案 例

被称为"天才棋士"的柯洁就是从兴趣中逐渐展露出自己非凡的天赋的。柯洁的父亲是一名水利工程师，平时最大的兴趣是下围棋，并拥有3段的段位。为了方便下棋，他还开了一家围棋馆。柯洁的母亲对丈夫的爱好非常支持，常常去围棋馆帮忙。柯洁就是在这样的家庭氛围中成长的，耳濡目染下，他也培养了对围棋的最初的兴趣。

第一章
孩子的天赋是需要发掘的

父亲虽然也很想让儿子学围棋，但又害怕他熬不过练习的辛苦。父亲见过很多年幼的棋手每天都要背无数张棋谱，还要苦练好几个小时，有些棋手为了通过定段赛，连正常的文化课都耽误了。父亲不想让柯洁也变成这样，所以他给孩子创造了宽松的家庭教育环境，鼓励他发展更多爱好，想看看他的天赋到底会是什么。

柯洁的兴趣也确实很广泛，他喜欢打篮球、绘画、看书。父亲也很尊重他的意愿，给他报了几个兴趣班。但是在经过一番尝试之后，柯洁告诉父亲："我最想学的还是下棋，一看到棋盘，一摸到棋子，我就会非常开心、非常自信。"

听到儿子的心声后，父亲不再犹豫了，马上带着孩子求教于当地实力最强的围棋高手。柯洁也十分珍惜这个机会，学习得非常认真，棋艺飞速成长，这让大人们感觉十分震惊。

几年后，柯洁已经成为小有名气的棋手，还在浙江省少儿围棋赛中获得了冠军。为了让他获得深造的机会，父母又把他送到北京的聂卫平围棋道场学习。在那里，柯洁不但需要学会照顾自己的生活，还要克服棋艺上的瓶颈，非常辛苦。可他从来不叫苦、不叫累，一门心思地学习棋艺，还经常给自己出难题，以难住自己为乐。

就这样，柯洁以惊人的速度成长为一名超凡的少年九段棋士。从2014年开始，他在围棋界逐渐崭露头角，连续夺得了多个世界大赛冠军，并成功打破了韩国棋手对国内棋手的压制。他的成功惊动了世人,就连韩国棋院博士裴泰一都对他发出了由衷的赞叹,说他天赋异禀,是世界棋坛当之无愧的第一人。2019年3月柯洁已被清华大学工商管理专业免试录取。

围棋是柯洁最感兴趣的事情,同时也是他最愿意付出智慧和时间去深入研究的领域。父亲注意到了这一点,便决定由此入手挖掘孩子的天赋,最终取得了令人惊叹的成功。这个案例也充分说明了兴趣对于天赋发掘和发展的重要性。

孩子的兴趣所在往往就是其天赋的"闪光点",所以发现兴趣、释放兴趣、培养兴趣是发掘和保护天赋的必然之路。

那么,孩子的兴趣又该如何去发现呢?这就需要父母平时多和孩子进行亲密无间的陪伴和沟通,对孩子多一些了解,多一些尊重,才能知道他最感兴趣的事情是什么。比如:在与孩子的对话中,父母可以听听他们最喜欢提哪一方面的问题,谈论哪一方面的事情;父母还可以先看看孩子喜欢读哪一方面的书籍,玩哪些种类的玩具等,再试着从中找出孩子对什么领域最有钻研的兴趣和学习的渴望。

在这个过程中,父母一定要像柯洁的父亲这样保持足够的理智和冷静,不能一发现孩子对什么事情感兴趣,就急切地投入大量的时间和金钱去发掘天赋,因为孩子的兴趣往往是非常广泛的,而且会受到很多因素的影响——父母喜好的影响,老师和同伴的影响——这种在他人影响下产生的兴趣和天赋可能没有什么密切的关系,父母要注意观察和甄别。

不仅如此,孩子的兴趣、爱好还会不断地变化和发展,他们可能今天对某件事有暂时的兴趣,但过几天兴趣又转移到其他事情上去了。所以父母一定要克服急于求成的心理,要静下心来,与孩子一起积极尝试各种他可能会感兴趣的活动;通过反复验证,发现他们埋藏在兴趣之后的真正的天赋,才能因势利导地对他进行天赋的发掘和培养。

为孩子创设天赋萌发的环境

孩子所处的环境会影响孩子天赋的萌发，孩子如果时时刻刻都能处在一个富有知识和情趣的环境，那么他就会尽可能早地受到知识的感召，并随之表现出对某方面知识的极大兴趣和旺盛的求知欲。这样父母也就能够更好地找出孩子的天赋究竟是什么。所以，父母为孩子创设一个易于发掘天赋、开发天赋的环境是十分必要的。

案 例

成红雨出生在一个音乐世家，她的父亲是我国著名的古琴演奏家成公亮先生，母亲是一位知名的京剧演员。成红雨还在襁褓之中时，就被母亲抱着在剧团的大院中听父亲拉胡琴，听演员们吊嗓子，这些声音成了她记忆中最熟悉的声响，也激发了她最初的音乐兴趣。

等稍大一些，她还经常跑到后台去听戏，每次都听得津津有味。这时候的她已经表现出了超过其他孩子的音乐天赋。她对音乐有种异乎寻常的热爱，而且对很多种乐器都很感兴趣。父母对她的这些表现非常关注，不但鼓励她接触乐器、乐谱，还亲自对她进行乐理知识的启蒙，从而使她的音乐天赋得到了充分发掘。

有一年，成公亮去德国进行音乐交流，和很多著名的德国音乐家建立了深厚的友谊。随后他带着大量音乐唱片回国，这些充满异国风情的乐曲就成了成红雨天赋提升的最佳养料。在日复一日的学习和鉴赏中，她觉得自己的艺术眼界更加开阔了，也很渴望能够获得更好的学习环境。

当成红雨向父亲提出想去德国学习音乐的时候，父亲非常高兴，马上帮她申请了学校，并办理了其他相关的手续。到了德国，父亲又亲自领着她去拜会当地的音乐家朋友，使她很快就融入了艺术家的圈子，她的音乐审美能力、演奏技巧也得到了进一步的提升。

几年后，成红雨已经学有所成，还举办了上百场古琴演奏会，她那充满古韵和灵性的演奏让德国观众听得如痴如醉。与此同时，她也爱上了一种当地的传统乐器——凯尔特竖琴，并只用了两年半的时间用心潜修，就达到了极高的造诣。

现在，成红雨不但是著名的古琴家，也是凯尔特竖琴家。她学贯中西，被人们誉为"天才音乐人"。

如果把成红雨比喻为艺术科学苗圃里的一棵幼苗，那么她的父母就是当之无愧的园丁。他们为孩子的成长提供了肥沃的土壤和丰富的养料,成功地发掘出了她的天赋,推动她走上了从事音乐演奏的道路,并最终取得了成功。

从这个案例中,我们不难看出环境熏陶对于孩子天赋发掘的重要性。孩子有了天赋这个基本的条件,还需要得到相应的发展环境,才有展现和继续发展的可能。

很多父母为了开发孩子的天赋,会带着孩子去接受相应的专业指导,但仅仅这样做还远远不够,父母还要注意为孩子创设富有艺术氛围的环境,而这一点恰恰是不少父母不太重视的。有些父母认为自己没有艺术细胞,无法像科学家、艺术家那样给自己的孩子带来有益的辅导。其实,创设天赋开发的环境并非如此困难,父母只要用心去做,就完全可以实现。

比如孩子喜爱音乐,那么父母就可以试着在每天清晨用美妙的音乐将孩子从睡梦中唤醒,还可以多在家中播放一些经典的音乐,或带孩子一起去欣赏音乐会、参加音乐节等,这些都会在无形中对孩子产生潜移默化的影响,让孩子的音乐天赋逐渐显现。又如孩子对色彩、造型的感知特别敏感,那么父母就可以在家中摆放一些世界名画画册、挂历、台历或是造型别致的工艺品供孩子欣赏,还可以多带孩子去参观画展,如此也就可以为孩子提供一个有益的启发艺术天赋的环境了。

适度鼓励，让天赋不断强化

在开发孩子天赋的过程中，父母的鼓励无疑能够起到"强心针"般的效果。有时也许只是一句简单的鼓励话语，却能让孩子获得被认可、被肯定的满足感。这样不仅可以推动孩子向着好的方向不断发展，而且会让孩子的思维变得更加活跃、行为更加主动，这对孩子智力的发展和天赋的发掘都是很有好处的。

案 例

著名的篮球明星姚明能够充分发挥自己出众的体育天赋，就与父母对他的鼓励和支持很有关系。

姚明的父母都是退役篮球运动员，拥有过人的个头。得益于父母的基因，姚明在上小学时身高就已经达到了1.47米，体格也非常强健，拥有得天独厚的学习篮球的条件。可姚明最开始学习打篮球的时候表现得很不理想，在人们期待的目光中，他因为过于紧张，连续几次投篮都失败了。

当时姚明觉得十分羞愧，甚至还产生了"再也不打篮球"的念头。幸好父母注意到他的情绪变化，耐心地安慰他、鼓励他，告诉他不要因为偶然的失败就对自己失去信心，要相信自己是有篮球天赋的。

父母的鼓励让姚明振作起来，他不再自怨自艾。父亲也专门抽出时间陪他一起练习。为了提升他的积极性，父亲还亲手做了一个篮球网，并准备了一些姚明喜欢的小玩具。只要他成功投进了球，父亲就会带着欣喜鼓励他"太棒了，今天又有了新的进步"，还会奖给他一件玩具。这让他越来越喜欢投篮，每次成功投进就会高兴得又跳又叫。

在父母的鼓励和引导下，姚明的球艺越来越好，成为一颗冉冉升起的篮球新星。无论他走到哪里，都是人们关注的焦点，很多媒体也争相打电话来要求采访他。这时候父母怕他骄傲自满，不仅会经常提醒他保持训练，还让他多学习一些优秀的篮球运动员的动作。姚明也很理解父母的苦心，认真地和父母探讨起了防守、进攻的各种技巧，让自己的球艺进步得更快了。

1997年，姚明开启了他的职业篮球生涯。从此他南征北战，参加了无数场比赛。有时候他在比赛中发挥得不理想，父母就会特地打电话去给他"打气"，他们从来不会逼迫姚明"一定要拿第一""一定要得冠军"，而总是会鼓励他"一定要相信自己！""不要害怕暂时的失败"，这些鼓励的话语让姚明走出了失败的阴影，使他能够鼓足勇气投入到下一场比赛中去……

第一章
孩子的天赋是需要发掘的

姚明的成长经历告诉我们：在发掘孩子天赋的过程中，父母除了积极引导之外，还要给予孩子适度的称赞和鼓励。这不仅会让孩子幼小的心灵得到满足，还能让他获得无穷的学习和进步的动力，从而有助于天赋的自由发挥。

在鼓励孩子的时候，父母一定要注意抓住时机。在孩子发挥天赋的过程中，如果父母能够在他们做成功一件事情的时候，及时地进行鼓励，会让孩子觉得非常自豪和满足，这样往往能够产生非常理想的效果；如果错过了这个时机再进行鼓励，孩子的心灵就不会受到强烈的触动，鼓励的效果就会大打折扣了。

另外，父母在鼓励孩子的时候，一定不要忘记强调鼓励的原因。要让孩子清楚地意识到自己付出这样的行动就会得到父母的鼓励和称赞，那么他们才能获得更加强大的正向推动力，从而有利于天赋的展现和提升。相反，若父母只是轻描淡写地说一句："你做得不错，继续努力！"就很有可能达不到激励孩子的目的。

此外，父母还要注意，不仅要在孩子获得成功的时候鼓励他们，还要在孩子遭到挫折、遇到失败的时候鼓励他不要失去信心。有的父母常常会忽略这一点，会在孩子出现失误的时候，一味地批评、指责孩子，使得孩子的情绪变得非常低落，严重时还会对自己的天赋产生怀疑——这对孩子的健康成长是很不利的。所以我们要向姚明的父母学习，在孩子遇到困境时不妨适当地鼓励一下孩子,这样可以使他们的自信心不会受到太大的打击,有助于推动他们天赋的发展。关于在遇到挑战时如何进行及时鼓励,在这里向父母推荐一部值得一家人多次观看的美国电影《卡特教练》。

第二章 如何发掘孩子的音乐天赋

引领孩子接触和欣赏音乐

发掘孩子的音乐天赋,要从引领他们接触和欣赏音乐开始。音乐不但能够提高孩子的听觉感受,提升他们的情感体验,还能刺激他们的脑部发育,使他们变得更加聪明。更为重要的是,孩子经常接触音乐,还会培养出他们对音乐的特殊敏感:他们会对音乐产生浓厚的兴趣,喜欢停留在特别的音乐环境中,还会饶有兴趣地欣赏动听的旋律。有时他们会自发地用动作表达自己从音乐中获得的美好感受,这些都是他们具有音乐天赋的表现。

案例

程女士是一位地道的音乐爱好者,她购买了一套效果出色的音响设备,日常最喜欢的休闲活动就是躺在沙发上欣赏音乐。在怀孕后,程女士也会不时地用美妙的音乐进行"胎教",希望能够培养出有音乐天赋的孩子。

2016年,程女士生下了一个可爱的女儿。在享受着初为人母的快乐的同时,程女士也没有忘记引领女儿接触和欣赏音乐,会

第二章
如何发掘孩子的音乐天赋

选择一些舒缓轻柔的纯音乐,用适当的音量播放给女儿听,每天10~20分钟。

在这样的用心熏陶下,女儿在几个月大的时候就已经表现出对音乐的高度敏感了。有一次,程女士有事外出,把女儿交给丈夫照顾,可是女儿一直不停地哭闹,丈夫怎么哄也哄不好。无奈之下,丈夫只好打电话向妻子"求助",程女士笑着给他出主意:"你把音响打开,给宝宝放一首贝多芬的《致爱丽丝》。"

丈夫半信半疑地按照妻子说的去做了,没想到小家伙一听见音乐声就不哭了,还把头转向音响的方向,听得十分入神。丈夫惊喜地把这件事告诉了妻子,程女士用欣慰的语气说:"看来我们的小宝贝很有音乐天赋,很懂得欣赏古典音乐呢!"

从那以后,程女士和丈夫更加注意发掘女儿的音乐天赋,他们不但会为女儿播放各种旋律优美的经典乐曲,还经常注意观察女儿的行为举止。女儿一岁多的时候,程女士发现她特别喜欢摆弄一只玩具小熊。这只小熊的肚子里装有电池,只要打开开关,它就会一边跳舞一边唱歌。女儿对它特别有兴趣,好像怎么玩都玩不厌,但程女士发现女儿并没有去注意小熊是怎么跳舞的,而是一直竖着耳朵听小熊的歌声,有时还会跟着哼唱几句。

不仅如此,女儿还特别喜欢听程女士唱歌,特别是程女士抱着她一边唱一边跳的时候,女儿就会变得特别兴奋,常常高兴地"咯咯"直笑。程女士有时给她唱好听的儿歌,有时也唱一些快节奏的流行歌曲,一听到那些富有节奏感的音乐,女儿就摇头晃脑、手舞足蹈,好像要跟着节奏跳舞似的……

从上述案例中可以看出,程女士的女儿是一个颇具音乐天赋的孩子。这种类型的孩子可能很早就会表现出独特的音乐敏感性,而且随着他们的不断成长,音乐感知力也会日益提高。比如:2岁左右他们就能把握音乐的节奏,听到节奏感强的音乐会手舞足蹈地扭动;3岁起他们就开始对简单重复的旋律产生兴趣,还能大概地哼唱出曲调;5岁后他们能够逐渐选择自己喜欢的音乐,体验音乐带给他们的美妙感受,有的孩子甚至会被一段动人的乐曲深深打动而流下眼泪……

当然,这样的音乐天赋是不会凭空显现的,需要父母为孩子提供系统的接触和欣赏音乐的机会,使他们对音乐的感受达到较高的境界,才能让潜在的音乐天赋被逐渐发掘出来。

为此,父母可以精心选择一些经典的乐曲,经常播放给孩子听,以培养他们对旋律的感受力。比如:在孩子吃饭时,可以播放一些优美、舒缓的乐曲;在孩子临睡前,播放一些轻松、安静的乐曲;在孩子听父母讲故事时,也可以选择一些和谐的乐曲做伴奏,以增强情感的渲染力。同时,为了培养孩子对节奏的感受力,父母还可以有意识地引导孩子去关注各种物品或打击乐器发出的声音,这也会让他们的听觉变得更加敏感。

需要提醒的是,为孩子选择的音乐应当符合他们的年龄特点和音乐感知水平。比如1岁以前的孩子应以熟悉和培养最初的音乐

第二章
如何发掘孩子的音乐天赋

感受力为主,父母可以播放一些曲调轻柔、旋律优美的轻音乐、古典音乐给孩子听,像舒伯特的《圣母颂》《小夜曲》以及贝多芬的《月光曲》等都是不错的选择。但要注意每次收听的时间不宜过长,一般不要超过 20 分钟,音量也不宜过大,最好保持在 40~60 分贝之间。

1~3 岁的孩子不仅能够认真地聆听音乐,也能感受音乐的节奏和韵律,父母可以让他们听一些节奏鲜明、短小活泼的乐曲,比如《我爱我的小动物》《哈巴狗》《蚂蚁搬豆》《小猫咪》《粉刷匠》《小星星》《铃儿响叮当》,等等。

4 岁以后,孩子已经能够欣赏内容广泛、性质风格多样的音乐作品了,父母可以适当地让他们听一些曲风更加复杂多变的音乐,还可以带他们观看儿童音乐剧,这会让他们在快乐的氛围中爱上音乐,培养出对音乐的兴趣。

在倾听中感受孩子的音色特点

所谓音色,通俗地说,就是嗓音、声线等方面的特点。每个人的音色都是不一样的,拥有好听的、有辨识度的音色,无疑是一种难得的音乐天赋。

父母在发掘孩子的音乐天赋时,一定要注意多听听孩子说话、唱歌时的声音,以便了解孩子的音色特点。之后父母要采用正确的方法来教会孩子发声的技巧,这会让孩子的音色变得更加清脆、美妙、悦耳。

案 例

我国著名的男高音歌唱家戴玉强有一个聪明漂亮的女儿戴梓伊。在培养女儿的道路上,戴玉强付出了很多心血,也为女儿设计了很多发展方向。可他没想到女儿在音乐领域会有如此惊人的天赋,甚至超过了自己当年的水平。

最初,戴玉强和妻子发现女儿总是喜欢哼唱歌曲,她的音色听上去非常清脆、好听,发音也十分清晰。戴玉强感到特别惊喜,

第二章
如何发掘孩子的音乐天赋

就试着教女儿唱童谣。一首简单的歌曲,女儿只听两遍,就学会了。她唱起来声音虽然稚嫩,但音色却十分美妙,音准也一丝不差。

一曲唱完,妻子开心地说:"也许我们家会出现第二位伟大的歌唱家呢!"妻子说的虽然只是玩笑话,可戴玉强却觉得很有道理。从那以后,他开始有意识地发掘女儿的音乐天赋,平时自己练习发声的时候,也会带上女儿,让她也尝试一番。女儿听话地学着父亲的样子"吊嗓子",神情看上去十分认真。戴玉强在欣慰之余,会提醒她要注意发声的技巧,让她不要硬扯着嗓子嘶吼,也不要长时间练习。女儿接受了父亲的专业建议,音色变得更加圆润悦耳,歌也唱得越来越好了。

女儿9岁以后,戴玉强鼓励她去参加音乐比赛,她也获得了不少奖项,还得到了为动画片、电视剧演唱主题曲的机会。10岁的时候,女儿推出了首张个人同名专辑《戴梓伊》。那时戴玉强正在意大利米兰排练歌剧,是妻子在电话中告诉了他这个好消息,还播放了专辑中的歌曲给他听。当戴玉强听到女儿那天籁般婉转悠扬的歌声时,忍不住泪湿眼眶。

就这样,女儿成了小有名气的歌唱明星。戴玉强怕她会骄傲自满,便经常用自己的亲身经历来提醒女儿,告诉她想要成为优秀的歌唱家,就不能害怕吃苦,要把基本功练扎实,不能懈怠。女儿在父亲的引导下,从古典艺术歌曲开始,认认真真地学习了3年,才开始学习演唱歌剧咏叹调。

在父亲的精心教导和培养下,女儿的成长十分迅速。2014年,她以优异的成绩从中国音乐学院附中声歌系毕业,之后又顺利地考入了美国纽约曼哈顿音乐学院。在此期间,她还多次作为特别嘉宾与父亲同台演出,她那变化自如的美妙音色和对音乐风格的准确把握给观众留下了深刻的印象,大家都称赞她是"前途无量的女高音歌唱家"。

2018年12月,女儿参加了在美国纽约举行的国际声乐大赛,22岁的她从800位优秀的参赛者中脱颖而出,一举拿下了两个大奖。消息传来后,人们争相祝贺戴玉强,他也不无骄傲地说:"女儿是我今生最好的作品。"

戴梓伊之所以能够展现出过人的音乐才华,取得富有含金量的国际大奖,是因为父亲戴玉强及时发掘并努力培养了她的音乐天赋。戴玉强对天赋问题非常重视,他曾经这样说过:"孩子在他们的天赋领域里往往会表现出很高的悟性。父母要尊重孩子的这种悟性,想办法去发现他们的长处,然后去培养他们。相反,要是他们明明没有音乐的天赋,却强迫他们一定要当个歌唱家,那也是行不通的。"

父母如果想要发掘孩子的音乐天赋,不妨学习一下戴玉强的这种做法,先用心了解孩子的悟性和长处,再有针对性地去培养。

具体来看,音乐天赋应当包括音色、乐感、音域这三个方面。父母可以先从音色入手,看看孩子有没有这种天赋,而这又可以

第二章
如何发掘孩子的音乐天赋

从音质和辨识度两个方面来考察。

音质主要决定于基音和泛音的声线特征。所谓基音，指的是我们平时说话、唱歌时声带振动所产生的声音，它决定了一个人的音高。当基音进入口腔、咽腔和胸腔后，经过喉咙等的处理就会产生丰富的泛音，基音越突出，泛音越平滑，孩子的声音就会越好听、越清脆。至于音色的辨识度，简单地说就是个体音色区别于他人的特征，有辨识度的音色会显得与众不同，能够给人留下非常深刻的印象，有时甚至会一听难忘。

父母想要发掘孩子的音乐天赋，就不妨多听听孩子说话、唱歌的声音，再从音质、辨识度这两个方面来衡量孩子是否具有音色方面的天赋。不过需要注意的是，孩子的发音器官还比较脆弱，容易受到伤害，所以不要让孩子模仿成人高声歌唱、叫喊，否则较强的气流冲击会损伤孩子的声带，使他们的嗓音变哑，更严重的还会让孩子养成不良的发声习惯，这种发声习惯一旦形成，会对他们将来学习声乐造成很大的障碍。因此，父母一定要像戴玉强这样经常提醒孩子保护嗓子，并要尽早教会他们正确地、恰当地使用嗓音的技巧，这样才能让他们拥有越来越美妙的音色。

学会鉴定孩子的天赋乐感

乐感是音乐天赋的重要组成要素之一,它指的是一个人对音乐的感知和把握能力。拥有较强的乐感天赋的孩子,常常能够准确地辨别出不同的音准和节奏,还能够完整地记忆并再现各种曲调,所以他们在学习音乐时会表现得特别轻松。

父母在发掘孩子的音乐天赋时可以适当地进行乐感方面的测试,看看孩子是否能够较好地辨别、记忆和再现音乐,如果孩子在这方面表现非常突出,父母就可以重点对孩子进行音乐天赋的培养。

案 例

张女士的女儿琪琪刚满三周岁,平时特别喜欢唱歌。每次琪琪在幼儿园里学了新歌,回到家后就会唱给张女士听。最初,张女士并没有对此特别留意。但时间长了,张女士发现女儿竟然学会了那么多首儿歌。有时张女士想要考考她几个月前学过的儿歌,她也能完完整整地唱下来,这不禁让张女士感到非常惊喜。

第二章
如何发掘孩子的音乐天赋

琪琪还经常缠着张女士,想要多学一些新歌。有时候,她会歪着小脑袋问张女士:"妈妈,为什么你和老师教的歌,有很多都是歌唱妈妈和宝宝的,就是没有歌唱爸爸的歌呢?"张女士被琪琪的话逗笑了,她马上找来一些儿童歌本,找到了《爸爸的草鞋》《爸爸的雪花》等几首歌曲,并把这几首歌教给琪琪,女儿只听了两遍,就基本掌握了。

过了几天,琪琪又问张女士:"爸爸、妈妈的歌我都会唱了,那还有没有爷爷、奶奶、哥哥、姐姐的歌呢?"这个问题可把张女士给难住了,她好不容易才从网上找到了一首《数鸭子》,里面有段关于爷爷的歌词"赶鸭老爷爷,胡子白花花,唱呀唱着家乡戏,还会说笑话",这才让女儿感到满意了。可琪琪学会这首歌后,居然"得寸进尺",还要学唱外婆、外公的歌,还好张女士想到了自己年轻时唱过的《外婆的澎湖湾》,这才满足了女儿学歌的愿望。

就这样,琪琪学会的新歌越来越多,张女士担心她会"前学后忘",就想考考她。这天,张女士对女儿说:"你已经学会了几首关于妈妈的歌呢?"

琪琪自信地回答:"有好多首呢,妈妈,我现在就唱给您听。"说完,女儿一口气唱了好几首关于妈妈的歌,有《世上只有妈妈好》《我的好妈妈》《妈妈,你歇歇吧》《烛光里的妈妈》,等等。她一首接一首地唱着,曲调、节奏、歌词都唱得一点不差。

看着琪琪天真可爱的样子,张女士开心极了,她认为孩子的乐感天赋非常突出，将来很有希望成为出色的音乐家。不过张女士也知道光凭自己教导孩子是不够的，应该让女儿接受更专业、更科学的音乐训练，才不至于荒废了她宝贵的天赋。

　　从案例中不难发现，张女士的女儿对音乐有很好的感知、理解和把握能力，也就是说她有很好的乐感。乐感是一种非常难得的音乐天赋，如果能够善加培养，就能够提升孩子学习音乐、鉴赏音乐、创作音乐的能力。在经过系统的学习之后，他们对于音乐的音准、节奏、调式、风格、和声等因素都能够很好地做出辨别，甚至还能区分出伴奏乐器的种类和演唱者的气息与技巧等细微的变化，这些都能为他们今后从事音乐事业提供不小的助力。

　　因此，父母在发掘孩子的音乐天赋时，一定不能忽视对于乐感的鉴定和培养。父母可以像案例中的张女士这样，多让孩子练习识记音乐，一般乐感较好的孩子总是能够很快地记住乐曲，还能够准确地再现，他们唱出来的歌，每个音的高度都是十分准确的，而且从头到尾都不会出现跑调的情况。

　　另外，父母还可以鼓励孩子按照音乐的节奏打拍子或敲鼓点，这样能够看出孩子对节奏的把握是否准确，这也是衡量孩子天赋乐感的一个标准。

　　此外，父母还可以从孩子对乐曲的内容、情感的把握来做进一步的判断。比如孩子在欣赏不同的乐曲时，能够感受到其中表现出的或愉快,或悲哀,或激昂,或低落的情绪变化,还能够用自己的话语进行简单的描述,这也说明他们具有很好的乐感。

在此基础上,父母就可以对孩子进行有计划的培养,并可以带孩子寻求专业人士的指导,那么孩子的音乐感受能力就会不断提升,他们的音乐天赋也会有更多的展现机会。

了解孩子的音域特点

所谓音域,就是嗓音能够达到的最低音和最高音之间的范围。一般正常人的音域在2个八度左右。

父母在发掘孩子音乐天赋的时候,可以先了解一下孩子的音域特点,然后再通过正确的引导,使孩子的音域得到拓宽。这样他们就能够顺利地演唱音域范围较广的歌曲,对音乐的表现力也会得到进一步的提升。

案例

帕瓦罗蒂是世界著名的男高音歌唱家。他出生于意大利北部市郊,父亲虽是面包师,却拥有一副歌唱家一样的好嗓子,很喜欢唱歌。受到父亲的影响,帕瓦罗蒂自小热爱音乐,他尤其爱听父亲收集的唱片,其中有很多都是当时正走红的男高音歌唱家的曲目。这些歌曲成了帕瓦罗蒂最早的"老师",他跟着电唱机一点一点地学习着,很快就能够完整地唱出整首曲子了。

帕瓦罗蒂的父亲惊喜地发现孩子有着非常宽广的音域,能够

第二章
如何发掘孩子的音乐天赋

达到很高的音阶,认为他将来有望成为男高音歌唱家,便经常带他到当地一家小教堂的唱诗班演唱,还鼓励他到一位音乐教授门下学习发音。但可惜帕瓦罗蒂无法适应那位教授的教育方法,很快就停止了学习。

帕瓦罗蒂的母亲一直不赞成孩子学习声乐,认为那是不务正业。在她看来,帕瓦罗蒂应该老老实实地继续学习文化知识,以后争取做个老师。帕瓦罗蒂听从了母亲的建议,回到了学校。从学校毕业后,他又去一所小学教了两年书。但是在他的心中一直深藏着对音乐的渴望,他无时无刻都想登上舞台,将最美妙的歌声献给观众。

几年后,帕瓦罗蒂终于鼓起勇气,投身于一位受人尊敬的教师波拉门下学习歌唱技巧。波拉非常看重帕瓦罗蒂的音乐天赋,答应不收分文报酬,免费给他上课。也就是在跟随波拉之后,帕瓦罗蒂才意识到自己原来具有绝佳的天赋音域。

在波拉移居日本之后,帕瓦罗蒂又改投另一位老师,继续学习。在此期间,没有收入来源的帕瓦罗蒂,不得不一边学唱歌一边兼职打工。但就是在这样艰苦的条件下,帕瓦罗蒂也没有放弃成为歌唱家的梦想。

最终,帕瓦罗蒂的努力获得了应有的回报。他在雷基渥·埃米利亚国际比赛中获奖,并因在歌剧《绣花女》中成功扮演男主角鲁道夫而一炮走红,从此开始了辉煌的舞台生涯。因为歌喉丰满华丽、音域宽广多变,帕瓦罗蒂能够演唱多种类型的歌剧,给人们留下了很多经典的唱段。

有一次,帕瓦罗蒂在大都会歌剧院演出《军中女郎》中的一段唱段《啊,多么快乐》时,接连唱出了9个带有胸腔共鸣的"高音C",让全场观众为之震惊。他那宽广而明亮的音域,不仅让他能够将普通男高音视为禁区的"高音C"都唱得流畅、圆润而富有穿透力,而且高声区统一、音色宽厚,带着一种自然的美感,让人们称赞不已。

随后,在演唱作曲家贝里尼的经典作品《清教徒》时,帕瓦罗蒂又唱出了令人震惊的"高音D",从此稳坐"第一男高音"的宝座……

帕瓦罗蒂的成功,不但与他勤奋好学、刻苦顽强的精神有关,还离不开他那天赋的宽广音域。正是因为拥有这样的音域方面的天赋,他才能够更好地表达音乐作品中蕴含的丰富的情感。在现实生活中,有一部分人因为音域过于狭窄,无法充分地体现歌曲中丰富的情感,更有甚者可能连一般难度的歌曲都很难唱好。由此可见,父母在发掘孩子的音乐天赋时,也需要先了解孩子的音域特点,再进行有针对性的天赋开发和培养。

为此,父母可以选择一些适合孩子演唱的歌曲,认真听听孩子的音域情况。一般而言,3~4岁孩子的音域大约为五六度,也就是从"do"唱到"sol"的范围,父母可以选择《洋娃娃和小熊跳舞》《有趣的歌声》等歌曲让孩子试唱;5~6岁孩子的音域大约为七八度,父母可选择《新年好》《数蛤蟆》这样的歌曲让他们练习演唱。

需要提醒的是,音域范围并不是衡量音乐天赋唯一的标准,很多著名的歌唱家也都有自己最擅长、最适合的音域,而且音域条件一般的人后天经过拓展音域的训练后,也能够演唱难度较高的歌曲。所以父母也不要因为孩子音域不突出就马上否定孩子的音乐天赋,而是应当综合音色、乐感等方面的因素认真衡量。

另外,父母一定要注意避免让孩子练习宽音域的成人歌曲。因为孩子此时还没有掌握好基础的发声方法,练习音域过宽的歌曲,容易养成喊叫的习惯,会使声带过度牵拉而受到伤害。所以父母一定要提醒孩子在合适的音域范围内进行练习,这样才能让他们游刃有余地演唱,并会激发出他们对音乐的热爱。

为孩子选择最适合的乐器

为了发掘和培养孩子的音乐天赋，父母还可以考虑让孩子接触各种乐器。在练习演奏乐器的过程中，孩子的乐感会得到进一步的强化，眼、耳、脑、肢体的协调和配合能力也会逐渐增强，专注力、理解力也会得到有效的锻炼，这对于他们的天赋开发和智能发展都是非常有益的。

案 例

被称为"钢琴王子"的李云迪从小就是一个热爱音乐的孩子。3岁的时候，他就会守在一台旧收音机前，用心地聆听里面传出的音乐，脸上还带着陶醉的笑容。

李云迪的母亲为了发掘他的音乐天赋，想让他学习一门乐器。一个星期天，母子俩来到了乐器店，在挑选一番后，李云迪自己选中了一个小小的手风琴。虽然当时家里经济条件并不宽裕，母亲还是咬咬牙买下了手风琴，并又带着儿子去少年宫报名学习。

在少年宫的音乐训练班里，李云迪的年纪是最小的，可他也是最早表现出音乐天赋的。在老师的指导下,他一板一眼地弹奏着手风琴,小手在黑白琴键上来回游走着,演奏出动听的乐曲。没过多久,他就在音乐比赛中拿到了名次,这让母亲和老师都惊喜不已。

7岁的时候,李云迪决心挑战难度更高的乐器——钢琴,母亲对此十分支持,还从亲戚朋友那里借了5000块钱,为儿子购买了一架崭新的钢琴。李云迪也非常珍惜这件新乐器,在练琴时更加专注、更加刻苦。每天下午放学回家后,他会先写完作业和复习功课,然后就开始认真地练琴,一直要练习到深夜,才会依依不舍地离开心爱的钢琴。

在日复一日的勤学苦练之后,李云迪的演奏技巧有了很大的进步。从12岁起,他开始参加全国性的钢琴比赛,并多次荣获第一名。后来,他又以钢琴专业第一名的成绩考入了四川音乐学院附中……

2000年,18岁的李云迪获得了肖邦国际钢琴比赛的冠军,也开启了他作为钢琴演奏家的职业生涯。从那以后,他与世界一流乐团和指挥合作,在国际著名音乐厅多次举办独奏音乐会,还发行了十多张唱片,成为世人瞩目的青年钢琴家。

在生活中,父母如果发现自己的孩子像李云迪那样对音乐有特别的好感,对乐器有演奏的欲望,就可以考虑对孩子进行乐器方面的专业培养,以便更好地发掘出他们的音乐天赋。

不过，父母要注意不能完全按照自己的意愿让孩子学习某种乐器，而应当像李云迪的母亲这样，充分尊重孩子的意见，先要考虑孩子的实际条件和兴趣所在，然后再看孩子是否适合学习该种乐器。

父母在为孩子选择最适合的乐器时，首先要考虑到孩子的身体条件。有的乐器会对演奏者的生理条件提出一定的要求，只有满足了这样的要求，才能达到最佳的学习效果。比如：嘴唇薄、牙齿整齐的孩子适合学习吹奏类乐器如笛子、箫等，他们会在吐气上有一定优势，发音也会更清脆一些；手指纤长、灵活的孩子适合学习弹拨类乐器如琵琶、柳琴等，他们可以更方便按音和换把；手腕动作轻松灵活的孩子就适合学习扬琴、古筝等打击类乐器，他们在击弦或击板方面会占有优势……

其次，父母也要注意从孩子的兴趣出发去选择初学的乐器。因为孩子只有真心喜爱某种乐器，才会用心去钻研演奏的技巧，即使在学习的过程中遇到了困难，他们也愿意花费时间和精力去克服；如果他们对某种乐器没有兴趣，情况就会相反，父母即使不停地督促他们学习，也不会产生明显的效果。所以父母在选择乐器时要多听取孩子的意见，不能急着替孩子做主。

另外，父母也要注意不能立刻满足孩子学习乐器的要求。因为很多孩子对于轻易就能实现的心愿往往不会特别珍惜，在这种情况下，他们学习乐器的效果就会大打折扣。比如有的孩子觉得小提琴很有意思，就说自己想学小提琴；于是父母马上花费重金

第二章
如何发掘孩子的音乐天赋

购买了最好的小提琴；可孩子刚拉了几天，就觉得太累放弃了——这就是因为孩子的心愿实现得太容易而造成的后果。所以希望培养孩子音乐天赋的父母一定要学会延迟满足孩子对乐器的渴望，只有让孩子真正理解音乐和乐器的价值，他们才会自觉地爱护乐器，并认真地学习乐器。这样他们的音乐天赋才能得到更好的发掘和培养。

合理发掘孩子的音乐天赋

孩子有音乐天赋是一件好事，但是很多父母在培养孩子的音乐天赋时却有期望值太高的问题，总是过分地期待孩子能够变成"神童"，日后能够成为大师级的人物。在这种心态的驱使下，父母终日对孩子采取高压政策，逼着孩子练习歌唱、演奏乐器，致使孩子处于萌芽状态的音乐热情很快就被消耗殆尽。当孩子发现学习音乐只有痛苦却缺乏乐趣的时候，后果就可想而知了。

案 例

夏宇夫妇有一个聪明可爱的女儿娟娟，为了让娟娟以后能够成为人才、"出人头地"，夏宇夫妇可谓是绞尽了脑汁。一次偶然的机会下，他们听一位懂音乐的朋友说："娟娟的听力不错，如果好好培养，肯定会在音乐方面有所成就。"听了这话，夏宇夫妇十分高兴。可是他们不知该从何处入手，恰好邻居家的孩子在学钢琴，这给了夏宇夫妇不少"灵感"。于是他们也决定让女儿学习钢琴，并动用积蓄买下了一架高级钢琴，还请来了音乐老师，让她

第二章 如何发掘孩子的音乐天赋

每天练习弹奏。

一开始，娟娟对于学钢琴还是很有兴趣的，她也曾信誓旦旦地对父母说："我一定要把钢琴学好，以后当个钢琴家。"可是，学琴比她想象的要辛苦多了。老师规定她每天必须练习一个小时以上，而且每次练习的都是些单调枯燥的曲目。没过几天，娟娟就产生了厌烦情绪，练琴也越来越不积极了。

夏宇夫妇发现女儿的琴艺停滞不前，非常着急，就开始对她严格要求。每天下班回到家后，夫妻两人就轮流盯着孩子练习，练不好就不让她离开琴凳。夏宇还经常语重心长地对女儿说："你要好好学习，学成之后，我们去参加比赛，只要得了大奖，你以后上大学、找工作都会容易得多。"

5岁的娟娟懵懵懂懂地听着爸爸的话，脸上没有一丝高兴的表情。夏宇的妻子看到女儿那副不作劲的样子，心里有些恼火，大声呵斥道："你怎么这么不懂事呢？你知道爸爸妈妈为你学琴花了多少钱，操了多少心吗？你这么不努力，对得起我们吗？"娟娟在母亲的骂声中，"哇"的一声哭了出来，可是哭完了，她还是要继续练习。她只能带着眼泪坐下来，弹奏起一首欢快的练习曲，虽然曲调是那么活泼、喜悦，可她的表情却没有随着曲子的变化而变化。她的演奏就像是在完成任务一样，虽然非常顺畅，却缺乏应有的感情。

在夏宇夫妇严格的要求下，娟娟在3年后考取了9级钢琴证书。可是，眼看就要拿到业余钢琴10级证书了，娟娟却说什么也不愿意再学下去，还说自己再也不想看到钢琴了。当夏宇夫妇再责备她时，她就会顶嘴说："我不想学了，好为你们省点钱！"

夏宇夫妇无论如何也没有想到事情会演变到这种地步，他们既为自己3年来白白付出的心血感到惋惜，也为娟娟的音乐天赋被埋没而伤心不已。

像娟娟这样的案例在现实生活中并不少见，现在有不少父母花了很大的功夫，想要培养孩子对音乐的兴趣，想让孩子成为又一个"贝多芬"或"莫扎特"，结果却事与愿违——不少孩子对音乐渐渐失去了兴趣，有时还会对练习表现出强烈的抵触情绪。

这其实不是因为孩子没有音乐天赋，也不是说学前儿童不适合过早地接触音乐，而是因为父母在发掘和培养孩子的音乐天赋时，在动机和方法上都存在很大的问题。有些父母支持孩子学音乐，初衷不是为了培养孩子的艺术素养和情趣，发掘孩子的天赋与潜能，而是为了让孩子在比赛中拿名次，这样就能在中考、高考中加分或被破格录取；还有个别父母把学音乐当作孩子长大成人后博取名利的手段，因而会给孩子施加过多的压力，让孩子背上了沉重的心理包袱。凡此种种，对于孩子天赋的发掘和培养都是有害无益的，会让孩子将学音乐当成任务在完成，却不会发自内心地喜爱音乐。

为了避免出现这样的情况，父母应当停止逼迫孩子学习的做法，在发掘孩子的音乐天赋时要充分尊重他们的爱好和意愿，科学、合理地安排学习项目和训练计划，切勿一味强迫孩子长时间地进行单调训练。

其实，发掘孩子音乐天赋的方法有很多种，父母完全可以采用一些要轻松的方式来激发孩子学音乐的积极性。比如，父母可以带着孩子去听听不同的音乐会，让孩子亲眼看看乐队指挥是怎样挥舞双臂打拍子的，让他们在现场认识舞台上各种各样的乐器及形式多样的演奏与演唱，这不仅能够让孩子体验到音乐的无穷乐趣，也能够增强他们对音乐的亲切感，唤醒他们的音乐潜能。

另外，父母还可以引导孩子通过一些有趣的活动来熟悉音乐。比如，父母可以让他们聆听和区别日常生活中的各种声音，还可以让他们和着音乐节拍做动作或翩翩起舞，或是教他们唱一些活泼有趣的儿童歌曲，等等。这些活动都会有助于提升孩子的乐感，也能让孩子感受到音乐的魅力。等孩子对音乐的喜爱之情非常浓厚之后，可以再考虑对孩子进行专业性的音乐培养，往往就能够产生事半功倍的效果。

让孩子在游戏中快乐地学习音乐

学龄前的孩子天性好奇、好玩、好动、好表现，注意力无法持久。父母在发掘孩子的音乐天赋时，要充分考虑到他们的这些特点，为他们创造轻松、愉快的学习氛围。在此过程中，父母可以适当地引入一些有趣的游戏，让孩子在游戏中体验音乐的情感，激发学习的乐趣，点燃天赋的火花。

案例

王女士是一位音乐教师，她的女儿乐乐刚满3岁时，就已经表现出了音乐方面的天赋。王女士想要发掘女儿的音乐天赋，但又怕过早地给她安排专业训练，会让她的童年失去乐趣。于是王女士采用了在游戏中学音乐的方法，给女儿设计了许多音乐游戏，让她玩得不亦乐乎，音乐天赋也得到了很好的发展。

为了训练乐乐的听力，王女士精心设计了一个"谁来了"的游戏。她先将鸭、鸡、猫、狗、牛、羊等动物的叫声放给女儿听，让她熟悉各种动物的声音特点，接着再教会她做各种动物的模仿动作。然后,王女士带着女儿一起练习,听到什么动物的叫声就说出这种动物的名字,并模仿动物的动作。练习一两遍后,王女士打乱了播放的顺序,让女儿自己练习,想不到她领悟得很快,一听到某种动物的叫声,马上就能做出准确的动作了。

　　王女士又给乐乐设计了节奏训练游戏。她拿起一只玩具手鼓,先在手鼓上打出一定的节奏,再让女儿拍手、拍腿、跺脚,也打出相同的节奏。乐乐觉得很有意思,玩得很开心。王女士拍的节奏加快一些,女儿也能跟得上。

　　王女士高兴地发现乐乐很喜欢这种在游戏中学音乐的方式,学习的效果也很不错,于是她继续采用这种寓教于乐的方法让女儿学会了分辨音符和区分高低音调。

　　在乐乐4岁生日时,王女士送给她一把儿童专用木琴。木琴的每一个按键上都印着音调,当乐乐敲击按键的时候,就会发出相对应的音调。这对于初次接触乐器的乐乐来说是件非常有趣的事情,让她乐此不疲。王女士还尝试着用钢琴为女儿的木琴"唱和":当乐乐在木琴上敲出一个音调后,王女士也在钢琴上敲出一个;或是王女士在钢琴上敲出一个高音,乐乐便在木琴上敲出一个相对应的低音或者中音。

　　这样一来,学习木琴就变得非常富有乐趣了。在玩游戏的过程中,王女士还会根据情况将弹奏的指法和技巧教给乐乐,她也学习得很快,只用了很短的时间就掌握了其中的窍门……

王女士培养孩子音乐天赋的方法是值得其他父母学习的。父母与其强迫孩子接受各种枯燥无味的音乐训练，还不如像王女士这样，用更能激发他们兴趣的方式使他们尽享音乐的趣味。

首先，父母可以将音乐训练的内容安排得灵活多样一些，可以在其中加入各种音乐素质和能力训练的小游戏。比如：在教孩子练习发声时，可以让他们试着模仿各种车辆或小动物的声音，也可以让他们根据图片或音响节目的内容来发声；还可以采用父母用歌声问孩子，孩子即兴创编歌词，并用歌声作答的方法——这些有趣的方式都会让孩子学音乐的兴趣得到大幅提升。

其次，为了减轻孩子的学习负担，父母也可以把一些乐理知识编成儿歌、顺口溜教给孩子，如"五线谱，五条线，四个间，高音谱号在左边，下加一线 C 调 do"等，这些儿歌既有趣又方便记忆，孩子会更爱听爱学。

再次，父母还可以在练习之余，给孩子讲一些著名音乐家、歌唱家的小故事，并将一些深奥的乐理问题用有趣的语言解释给孩子听。父母还可以告诉孩子，优秀的音乐家也是要通过勤学苦练才能取得伟大的成就的，这样就更能够激发孩子的进取心，鼓励他们耐心、用心地学习音乐。

此外，父母还可以用一些音乐玩具来培养孩子的音乐兴趣。比如一些玩具钢琴、口琴、手风琴、小手鼓等都是不错的选择。父母可以让孩子一边玩一边感受它们发出的不同的声音；孩子在敲敲按按的过程中，还能体验各种简单的节奏，这能够为他们以后正式学习乐器打下很好的基础。

让音乐生活化,放飞孩子的灵性

著名教育家陶行知先生曾经指出,教育不能脱离生活实际,生活是教育的中心,教育必须是生活的,一切教育必须通过生活才有效。这启发我们,在发掘孩子的音乐天赋,对孩子进行音乐教育时,应当注意结合生活实际。只有让音乐生活化,使孩子置身于艺术化的生活中,感受生活化的音乐,才能够激发他们对音乐的喜爱,才能强化他们的乐感,放飞他们的灵性,让他们在生活中尽情感悟音乐的美好。

案 例

魏女士在发掘孩子的音乐天赋时,很注意抓住生活中的每一个机会,从而让孩子深深地爱上了音乐,并能够很好地理解和表现音乐。

在孩子3岁的时候,魏女士发现他非常喜欢看卡通动画片《樱桃小丸子》,还经常跟着电视哼唱动画片里的主题曲。魏女士就趁势创设了一个小丸子邀请好朋友一起玩的情境,让孩子在听主题歌时找到音乐中的人物。孩子用心地聆听着,体验着音乐中小丸子落水和迷路的心情。由于音乐和人物都是孩子非常熟悉的,让他觉得非常亲切,所以他学习的积极性很高。

又有一次,魏女士带着孩子在小区里玩儿,忽然天阴沉下来,不一会儿电闪雷鸣,下起了瓢泼大雨。魏女士赶紧和孩子一起跑回了家。到家后,孩子捂着耳朵对魏女士说:"妈妈,打雷的声音真可怕!"魏女士灵机一动,对孩子说:"打雷的声音是什么样的呢?"孩子一边挥舞双手学着闪电的样子,一边说:"是轰隆隆的声音。"

魏女士顺手拿起一只脸盆,倒扣在地并用手敲上去,发出了闷闷的轰响声。魏女士问孩子:"这个声音像不像打雷的声音?"孩子自己敲了敲,摇摇头说:"不像。"魏女士就让孩子自己去找材料模仿打雷的声音。孩子很有兴趣,充满热情地寻找着所有能发出响声的东西,沉浸在快乐之中,完全忘记了打雷带来的恐惧……

魏女士用自己的亲身经历告诉我们,发掘孩子的音乐天赋并不是一件十分困难的事情,只要我们学会将音乐生活化,就能给孩子创造出最佳的音乐"课堂"。当孩子聆听着生活中的音乐,感受着音乐与生活的联结的时候,他们就会自然而然地步入音乐的殿堂。

因此,父母可以像魏女士一样多观察、多动脑,找到将音乐生活化的机会，以便用来引导孩子学习音乐。

事实上，生活中处处都有可利用的音乐素材。比如，父母可以经常带孩子出去游玩，让他们聆听自然界中的天籁"音乐"：虫儿的鸣叫声、鸟儿的轻啼声、风吹树叶的沙沙响声、小溪淙淙的流水声，无不是大自然所奏出的美妙乐章。孩子聆听着这些美好的声音，不仅能够培养他们对声音的敏感，还能激发他们对生活、对大自然的热爱之情。

不仅如此，父母还可以引导孩子在生活中感知音乐节奏。比如人的行走、跑步、脉搏的跳动、钟摆的摆动等都有特定的节奏，父母可以提醒孩子注意感受其中的强弱规律和速度变化。这会让孩子有很强的参与感，也能培养孩子的节奏感，对于发掘他们的音乐天赋是很有帮助的。

第二章 如何发掘孩子的舞蹈天赋

学会发掘孩子的舞蹈天赋

每个孩子都有自己独特的天赋，舞蹈天赋就是其中之一。父母可以用心观察孩子的表现，看看他们是不是对音乐的旋律和节奏有很好的把握，是不是一听到音乐就会受到感染并手舞足蹈，还可以看看他们在跳舞时动作是不是非常协调和优美。

如果有这些表现，那就说明孩子有一定的舞蹈天赋。父母应当尽量多创造条件，给孩子接触和学习舞蹈的机会，让孩子充分感受舞蹈的美。这样能够引发他们对舞蹈的浓厚兴趣，并会促使他们积极地投入到舞蹈学习中去。

案 例

周女士的孩子丫丫在 2 岁的时候就表现出了对舞蹈的强烈兴趣。周女士发现丫丫特别喜欢看文艺节目尤其是舞蹈节目，每次一听见那些富有节奏的配乐，她就会手舞足蹈起来。这让周女士觉得十分有趣。

有一次，周女士想和丫丫玩个游戏，就让她坐在电视机前的

第三章
如何发掘孩子的舞蹈天赋

沙发上,然后打开电视给她看。这时电视里播放的是新闻节目,主持人一脸严肃的样子让丫丫觉得十分无趣,她马上扭动着身体,露出了不耐烦的表情。周女士赶紧用遥控器将电视调到别的频道,该频道正在播放的是一部古装武侠剧。丫丫看了一会儿,没有什么反应。

后来,周女士又让丫丫看《动物世界》,丫丫对节目中小动物们活蹦乱跳的画面倒是有些兴趣,可惜只看了一会儿就回头找妈妈了。

最后,周女士将电视调到了某台正在播出的文艺晚会,该晚会恰好有丫丫喜欢的舞蹈节目。丫丫听到音乐声后,马上回头看着电视,然后走到电视前,模仿着舞蹈演员的样子跳起舞来。周女士没有学过舞蹈,不懂得怎么评价丫丫的舞姿,但她能感觉到丫丫的节奏感很强,音乐起她就跳,音乐停她也停,一秒都不会耽误。

类似的游戏周女士和丫丫反复玩过好几次,每次都能看到丫丫快乐地跟着音乐舞动身体。周女士认为丫丫有很好的舞蹈天赋,便开始考虑应该让她接受专业的训练。可是在咨询专家之后,周女士才知道不能过早地让孩子参加专业的舞蹈训练,否则可能会对肌肉和骨骼发育造成不利影响。可周女士又害怕丫丫的舞蹈天赋会被荒废,于是她又请教了专家,给丫丫先报了一个音乐启蒙班,可以让孩子在游戏中感受音乐的节拍和律动,以便为正式学习舞蹈打好必要的基础。

父母如果想要发掘孩子的舞蹈天赋，就可以像周女士这样，先试着看看孩子是不是对舞蹈有兴趣，能不能准确地跟着音乐的节奏翩翩起舞。一般有较好的舞蹈天赋的孩子，在听过一首富有节奏感的舞曲1~3遍后，就能随着音乐的节奏任意做动作或跳舞，而且他们很容易"进入角色"，在跳舞时脸上会呈现出丰富的表情，动作也很协调、优美；而舞蹈天赋一般的孩子，动作往往不够连贯，在跳舞时偶尔还会跟不上音乐的节奏，脸上的表情也不太丰富；在舞蹈方面潜力较差的孩子听到音乐可能也不会出现手脚、身体的反应，如果勉强他们跳舞，他们的动作常会显得非常生硬，表情也很呆板。

对于缺乏舞蹈天赋的孩子，父母不必勉强他们练习跳舞，可以转而发掘他们其他方面的天赋，一样也能够让他们成才、成功。对于舞蹈天赋较好的孩子，父母就可以根据他们的年龄安排适当的天赋发掘计划了。

未满4岁的孩子大肌肉群发育不完全，练舞蹈容易受伤，因此最好不要接受专业训练，更不要做一些下腰、劈叉之类的高难度动作。这个阶段的舞蹈天赋发掘应以培养兴趣为主，父母可以多在日常生活中为孩子创造一些接触音乐、练习跳舞的机会。比如，可以让他们观看少儿文艺节目、歌舞演出，使他们对跳舞产生兴趣，并最终爱上跳舞；父母还可以选择一些节奏明快，内容简单易懂、富有童趣的儿童歌曲，鼓励孩子边跟唱边按节奏做出拍手、点头、跺脚、左右摇摆等动作，以此来锻炼他们自己对音乐节奏

第三章
如何发掘孩子的舞蹈天赋

的感受力,为他们正式学习跳舞创造条件。

在孩子满 4 岁以后,父母可以考虑带他们接受专业的舞蹈训练,但每次训练的时间不能过长,最好不要超过 1.5 小时,而且中间应当安排休息时间。需要注意的是,舞蹈分类比较复杂——有现代舞、芭蕾舞、古典舞蹈、韵律操、民族舞等多种类型,这些不同类型的舞蹈都有一定的练习要求。比如,芭蕾舞对孩子身体条件的要求比较高,从肌肉尚柔软的 7 岁左右训练开始比较理想;而学古典舞蹈的适龄期是 4~5 岁;学韵律操的条件稍低一些,一般在孩子 3 岁左右即可开始。

做孩子的编外"舞蹈教师"

很多父母没有接受过专业的舞蹈训练,缺乏舞蹈方面的专业知识,在孩子展现出一定的舞蹈天赋后,都会倾向于送孩子去接受专业培训。可是,孩子舞蹈天赋的发掘和提升离不开父母的努力,父母不能因为"不懂"就忽略了自己对于孩子的教育、帮助作用。

事实上,如果父母能够积极地吸收一些舞蹈知识,加深对舞蹈艺术的了解,那么原本不懂舞蹈的你也可以成为孩子的"编外老师",可以为孩子提供很多有益的指导。

案 例

罗先生和妻子都是下岗职工,平常靠拉三轮车、打零工贴补家用,家境非常清苦。夫妻俩文化程度不高,对舞蹈更是一窍不通,但他们对儿子军军的教育却十分重视。

军军出生不久就表现出了罗先生夫妇俩都不具备的音乐、舞蹈天赋。每天家里那台小电视机里响起音乐时,军军就会安静下

第三章
如何发掘孩子的舞蹈天赋

来,睁大眼睛去听,小胳膊、小腿还一摆一蹬的。等他稍大一些,能站能跑了,他就会经常跑到电视机前学着里面播放的舞蹈节目跳起舞来,一招一式都有板有眼的。

孩子的表现,罗先生都看在眼里。他怕耽误了孩子的天赋发掘,就想尽方法挤出学费,在军军5岁时送他去少儿舞蹈班学习国际标准舞。在老师的指点下,军军的舞技进步极快。老师对罗先生说:"我教过那么多孩子,还从没有见过像军军这样有天赋的孩子。"罗先生听了,高兴得合不拢嘴。

罗先生坚信儿子一定会成为优秀的舞蹈人才,为了能够更好地帮助、辅导儿子,他和妻子开始学习舞蹈知识。罗先生专门去书店挑选了一些舞蹈入门书籍;妻子也参加了街道里的舞蹈队,慢慢地弄明白了什么是华尔兹、什么是探戈,每天回家就和军军一起讨论。军军看到爸爸、妈妈都有学习舞蹈的热情,自己就更是备受鼓舞,每天都坚持练习,再苦再累也不抱怨一声。

军军的舞跳得一天比一天好,罗先生在舞蹈方面的知识也越来越丰富了。他还成了军军的"编外老师",经常在家里指导孩子进行动作、体态的练习。时间一天天过去,军军发现自己的舞蹈动作确实有了很明显的进步,以前自己常有不自觉地哈腰、耸肩膀的坏毛病,现在这些影响美感的坏毛病都消失了。就连教国际标准舞的老师都夸奖他说:"军军,你的舞姿大有进步,看上去特别有精神、有气质。"军军吐了吐舌头,在心里暗暗地想:"看不出我那不懂跳舞的爸爸还真有一套啊。"

没过多久,在一次省级儿童舞蹈比赛上,军军就一鸣惊人,获得了儿童组冠军,成了远近闻名的"舞蹈小王子"。

在启发孩子舞蹈天赋的问题上,父母不要拘泥于自己专业知识的欠缺。如果父母能够像罗先生这样肯多花一些心思,认真地了解一些舞蹈艺术的知识,了解舞蹈对孩子身心发展的独特功能,就能够更好地发掘孩子的舞蹈天赋。

当然,这并不是要求父母都去学习大部头的专业理论知识,才能做孩子的"编外老师"。实际上,父母对孩子的帮助、指导可以是多方面的。比如,父母可以参照教材示范教孩子学习舞蹈;也可以搜集舞蹈教学视频辅助指导孩子;还可以在家里准备小地毯、升降把杆等基本舞蹈设备,督促孩子进行软开度的练习。

这其中最重要的应当是指导孩子进行形体、姿势、动作等的练习。因为孩子每天和父母相处的时间比较长,父母观察他们在形体、姿势方面的问题比舞蹈老师更方便。如果父母能及时给予孩子指导、纠正,就能使他们跳舞时动作更加协调、体态更加优美。

比如,父母在发现孩子跳舞时有"塌腰""撅屁股"等问题时,就可以及时提醒,让他们注意保持身体正直。时间长了,孩子就会养成良好的习惯,体态、姿势都会变得更加优美。

又如,父母还可以提醒孩子注意控制好四肢的动作,要让肩膀到臂肘、手腕、手指尖都保持一点自然的弯曲,手指也要尽量松弛、自然，才不会有生硬、僵直的感觉；同时父母还要指导孩子学会正确地伸直腿部、绷脚，这样腿部才能显露出清晰的线条，在跳舞时就能带给观众更多美的享受。

此外，父母还要提醒孩子注意身体整体的协调与美观，也就是说动作与视线要配合，上身与下身要协调，而这恰恰是很多孩子有所欠缺的地方。比如，有的孩子手臂向一侧打开，身体却明显扭向另一个方向；有的孩子一边跑跳，一边手臂上举，眼睛却直勾勾地盯着前方——这样都会给人以不协调、别扭的感觉。要避免这种问题，父母就要引导孩子从手眼配合、上身下身协调统一做起，直到彻底掌握舞蹈动作的要领。

帮孩子找到学舞蹈的趣味性

孩子天性活泼好动，不喜欢受到拘束。如果父母一遍一遍地督促他们重复练习舞蹈动作，常常会让他们感觉非常无聊，也会让他们失去学舞蹈的兴趣。这对于发掘舞蹈天赋来说是非常不利的。

因此，在担任孩子的"编外舞蹈老师"的时候，父母不仅要注意纠正孩子的动作、姿势的问题，还要帮助孩子找到学舞蹈的趣味性，使他们能够发自内心地爱上舞蹈，这样才能尽情地展现自己的天赋。

案 例

孟女士的女儿刚满3岁，对舞蹈特别有兴趣，孟女士就想从这方面发掘她的天赋。最初，孟女士从网上找了一些舞蹈入门视频，带着女儿一遍一遍地练习。女儿刚开始还表现得比较积极，可几天过去，她就提不起精神学舞蹈了。孟女士好说歹说，就是不能说服女儿去做一些舞蹈动作。

孟女士觉得这样不是办法，就在网上向专家请教。专家建议

第三章
如何发掘孩子的舞蹈天赋

她改变启蒙方法,多设计一些有趣的练习方式,让女儿重新燃起对舞蹈的热爱。专家的话让孟女士茅塞顿开,她很快就想到了一些好点子……

一天,女儿正坐在沙发上看动画片,孟女士笑着对她说:"宝宝,咱们来玩个游戏吧。我来演兔子妈妈,你来演小白兔,我们跟着音乐来做动作,看谁做得最像!"女儿觉得很有意思,马上站起来,把小手竖在头顶,做成小白兔的耳朵的样子。孟女士播放了一段《兔子舞》的音乐,女儿就跟着里面的鼓点节奏一蹦一跳,玩得十分开心。

一段"兔子舞"跳完,孟女士又用同样的方法和女儿一起学小鱼游动、学小鸟飞舞,女儿不但能够准确地做出各种小动物的动作,脸上还带着丰富的表情,样子别提多可爱了。

孟女士见这个方法有效,就设计了更多的小游戏,引导女儿在快乐的氛围中练习跳舞。有时候,为了激发女儿的兴趣,她会鼓励女儿自己创编舞蹈动作。有一次,孟女士给女儿播放了一首叫《小雨滴》的歌曲,启发女儿发挥想象力跳个"雨点舞"。女儿歪着小脑袋想了想,就跟着音乐节奏做出了撑伞、摇摆、踩水之类的动作,一边跳还一边发出银铃般的笑声,让孟女士也忍不住跟着笑了起来。

很多父母在发掘孩子的舞蹈天赋时总有无从下手之感,这时就可以参考案例中的孟女士的做法,通过多设计一些有趣的方法,来吸引孩子的注意力，调动他们学舞蹈的兴趣，从而充分地开发他们身上的舞蹈潜能。

比如，父母可以在舞蹈中增加游戏的色彩，使跳舞变成一件充满趣味性的事情。有位父母在教孩子学习"平踏步"的舞蹈动作时，就设计了一个"开火车"的小游戏，让孩子模仿开火车的动作，一边玩一边掌握动作要领。孩子玩得开心，学得高兴，没过多久就能够跳出标准的"平踏步"了。

父母还可以学习孟女士的做法，多启发孩子进行舞蹈动作的创编训练。这样不仅有助于发掘孩子的舞蹈天赋，还能够提升他们的创造力和想象力。当然，这种创编训练应当符合循序渐进的原则，不要一开始就让孩子去想象复杂的舞蹈动作，而应按照他们的年龄特点和理解能力安排适当难度的训练。

比如，刚开始接触舞蹈的孩子，父母可以从节奏单一、易于表现的音乐开始训练，像一些描写小动物特点的简单音乐就是不错的选择。而在孩子有了一定的舞蹈基础之后，父母可以选取一些有歌词的、节奏多变的音乐，让孩子发挥想象力，随着音乐翩翩起舞；然后父母再以建议的形式，给予一些有益的指点，就能让孩子在快乐的舞蹈中得到真正的收获。

给孩子创造舞蹈"演出"的机会

在指导孩子练习跳舞的同时,父母还可以多给他们创造一些展示自我的机会。这不仅能够让他们获得强烈的满足感和成就感,增强他们学习舞蹈的信心,还能够锻炼他们不怯场的良好心理素质,对于发掘和提升他们的舞蹈天赋是很有帮助的。

案 例

方女士的女儿乐乐5岁,她平时非常喜欢观看舞蹈视频,尤其爱看同龄小朋友表演的舞蹈,有时还会跟着视频又唱又跳,看上去十分投入。

方女士看到女儿对舞蹈有兴趣,心里也很高兴。可是她也发现乐乐有一个不好的毛病,就是特别容易怯场。大人不在身边的时候,乐乐会开开心心地跳舞;大人一走到身边,她就会停止动作,脸上还带着羞涩的表情。

方女士想要鼓励乐乐,就指着视频里的小朋友说:"这个小姐姐跳得真不错!乐乐也跳一段吧,说不定会比小姐姐跳得还好呢!"

方女士的话激起了乐乐的好胜心,她红着脸,学着小朋友的动作给方女士表演了一段舞蹈。方女士觉得乐乐的舞姿很自然,也很优美,就由衷地赞叹道:"乐乐跳得真不错,妈妈觉得你也能到舞台上演出呢!"说完,方女士还用力地鼓起了掌。乐乐得到了妈妈的表扬,高兴极了,主动提出想要学跳舞。看她的态度这么积极,方女士就精心选择了一个少儿舞蹈班,让乐乐开始练习舞蹈基本功。

几个月过去,乐乐的舞蹈已经跳得有模有样了,方女士便经常鼓励她在爸爸妈妈面前表演。她的表现也越来越大方和自然了,方女士看在眼里,喜在心里。

这天,乐乐从幼儿园回来,兴奋地对方女士说:"学校要举行'庆六一'活动,老师想找几个小朋友排练舞蹈节目,我第一个举手了!"方女士十分惊喜,连忙抱着乐乐亲了一口,还连声夸她"了不起"。

从那以后,乐乐练舞更加努力,进步也越来越大。到了演出当天,乐乐自信地站在舞台上,把整套动作完成得十分出色。方女士坐在台下,听见其他家长不停地夸奖"那个叫乐乐的小朋友真有舞蹈天赋,舞跳得最好,还一点都不紧张"。这一刻,方女士觉得十分自豪。

有不少孩子因为不够自信,不愿意当众表现,很难让自己的舞蹈天赋展现出来。为了避免孩子的舞蹈天赋被悄然埋没,父母

第三章 如何发掘孩子的舞蹈天赋

应当多给孩子创造一些"演出"的机会。在克服了最初的怯场心理后,孩子会变得越来越镇定、坦然,他们在跳舞时动作会更加协调,表情会更加大方,眼神会更加自信。在这种情况下,父母就能够看到他们与平时不一样的风采,更可借此挖掘出他们潜在的舞蹈天赋。

为此,父母平时可以经常鼓励孩子把家人当成观众,大大方方地进行舞蹈表演。当然,这种表演的目的不是为了显示父母教育有方,而是要提升孩子的心理素质、鼓舞他们的自信心。所以父母一定要注意选择在孩子有兴致的时候鼓励他们表演,而不能在他们兴致不高的时候强迫他们"演出"。而且在每一次"演出"结束之后,父母和其他"观众"都应当给予孩子真诚的赞美,这样才能提高孩子对跳舞的兴趣。

除此之外,父母还可以鼓励孩子参加正式的舞台演出或舞蹈比赛。舞台是最能够锻炼孩子舞蹈天赋的地方,当孩子面对台下一双双期待的眼睛时,他们的心中会生出自豪感。这会帮助他们战胜内心的紧张和恐惧,并会让他们的舞蹈天赋得到彻底的释放,因而会给父母带来很多意外的惊喜。

延迟满足孩子接受专业训练的心愿

虽然说孩子有舞蹈天赋是非常可贵的,但父母也不能盲目对他们进行专业性培养。这是因为真正开始专业的舞蹈训练是非常辛苦的,如果孩子没有足够的心理准备,在学习的过程中就难免会因为怕疼、怕累而"打退堂鼓",那么他们的天赋也会因此而湮没。所以发现孩子的舞蹈天赋后,即使孩子提出了学习舞蹈的请求,父母也一定要延迟一段时间再满足他们的心愿。只有让他们知道自己的学习机会来之不易,他们才能鼓起勇气继续坚持、继续努力,最终才能学有所成。

案 例

林女士的女儿是个小舞蹈迷。最近,她一直缠着林女士,说要去学舞蹈。可林女士知道学舞蹈并非像孩子想象的那样只有轻松和快乐,一旦开始了大量的重复练习和体位等的训练,孩子就会感到十分吃力,还有可能会半途而废。

因此,林女士没有马上答应女儿的要求,而是故意对她说:

"你还太小,学舞蹈很辛苦,等你长大了再去学吧。"

女儿听林女士这么一说,有点犹豫了,可她马上摇着头说:"妈妈您放心吧,我不怕苦,也不怕累,我会坚持把舞蹈学好的,妈妈您相信我吧!"

林女士还是没有同意,想再吊吊孩子的"胃口",以让她珍惜来之不易的学习机会。不过,虽然林女士口头上没有答应女儿的要求,却经常带她去附近的舞蹈教室看别的小朋友们练习跳舞。林女士还经常在女儿面前夸赞某个小朋友跳得特别好,很有舞蹈天赋。这一下女儿可急坏了,又不敢硬缠着妈妈,便悄悄地观察林女士的情绪,只要林女士心情好,女儿就会提起要去学跳舞的事。

又过了两个星期,林女士见女儿的态度还是非常坚定,就彻底放下心来。但她还是装出很勉强的样子,答应女儿送她去上舞蹈班,但对她提出了不准半途而废的要求。女儿高兴得又蹦又跳,很坚定地说一定会好好学习。

果然,在日后的舞蹈学习中,女儿表现得十分坚强,从来不喊苦、不叫累,练习也很有成效,即使是做一些难度较大的动作,她也都通过刻苦训练顺利过了关。看到这样的结果,林女士感到满意极了。

很多父母为了发掘出孩子的舞蹈天赋,总是会很急切地把孩子送到专业培训机构接受正规训练,特别是在孩子刚对舞蹈有兴趣，提出想学舞的时候，一些父母更是毫不犹豫地答应了孩子的请求。殊不知这样做常常会产生反效果——孩子会觉得跳舞太累、太辛苦，不愿意继续练习，使得宝贵的舞蹈天赋就这样被白白浪费了。

为了避免出现这样的结果，父母不妨参考一下林女士的"延迟满足法"：先给孩子一些时间，让孩子从心理上对学习舞蹈可能遇到的困难有所准备，并树立起战胜困难的决心和勇气，然后再让孩子去接受训练。这样往往能产生事半功倍的效果。

在鼓励孩子坚持到底的同时，父母自己也要态度坚定，不能一看到孩子"吃苦"就不忍心让他们继续学习了。这样的态度会让孩子受到不好的影响，很容易让他们"打退堂鼓"。所以父母一定要调整好自己的心态，要让自己成为孩子坚持下去的坚强"后盾"：在孩子抱怨、诉苦的时候，父母需要对他们进行适度的安慰和鼓励，让他们不要逃避困难，而应学会迎难而上。另外，如果父母时间充足的话，也可以和孩子一起练习跳舞，有了父母的带动作用，孩子就更不会轻易地退缩。

第四章 如何发掘孩子的绘画天赋

鼓励孩子进行最初的绘画"创作"

一位儿童教育学家曾经说过:"每个孩子都是天生的小画家。"的确,孩子们大都非常热爱画画,哪怕他们从来没有学过任何绘画的技巧,也喜欢拿起画笔,在纸上画出各种各样的线条和形状。

对于孩子"创作"的最初的作品,父母不要急着从成人的眼光出发去判断"像"或"不像",而应当用心去品味他们富有灵性的笔触,发现他们对形象的辨别和表现能力,再由此出发,逐步发掘出他们身上非同凡响的绘画天赋。

案 例

强强是个热爱绘画的孩子,3岁的时候,他就已经显露出一定的绘画天赋。有一次,妈妈正在客厅的茶几边整理家庭账目,强强总在一边不停地去抓她的笔。妈妈没有办法,只好给了强强一张纸和两支记号笔,然后把他放到小凳上,让他在茶几边坐好。想不到妈妈偶然的举动竟然开启了强强对绘画的热爱,他无师自通,自如地握住了记号笔,在纸上随性地勾画起来。

第四章
如何发掘孩子的绘画天赋

这件事引起了妈妈的注意。从此,妈妈就有意识地引导强强多画画。强强的表现也很是让妈妈惊喜,没过多久,他就能够画出一定的图形了。当妈妈看到他画的带三角结的飘动的气球时,简直不敢相信自己的眼睛。

5岁时,强强爱上了画人像。他把妈妈当模特,先是画出了妈妈的大致轮廓,后来还能准确地画出妈妈的面部表情。

5岁半的时候,强强准备上学前班了。学校对他进行测试:在一张纸上尽自己所能画一个人物图形。这可难不住强强,他只用了几分钟就完成了任务。美术老师看到他的这幅画后,感到非常震惊。强强所画的人像线条准确、流畅,嘴唇、眼睛都像模像样,睫毛、瞳孔、脖颈、衣袖、袖口等细节也都一一表现了出来,并且还具有一定的立体感。经过这个小测试,老师得出结论:强强的绘画能力早已超越了同龄的小朋友,甚至已经达到了14岁孩子的水平。

看到年幼的孩子在纸上描画图形的时候,父母千万不要认为他们只是在乱画一通,因为他们可能正在进行最初的"创作"。在画画的过程中,他们的动手能力、手眼协调能力、审美能力、情感表达能力都能够得到提升,所以父母应该给予他们更多的支持和鼓励,并要注意发掘他们的绘画天赋。

父母应当注意,不要在孩子专心致志"创作"的时候打断他们,而是要等他们画完后,再用富有启发性的语气询问他们:"能给爸爸/妈妈讲讲你画的是什么吗?"孩子会用自己的语言描述所画的内容,这时父母要注意倾听,并可以对他们的小创意、小灵感提出表扬。如果孩子的描述和画纸上的形象相去甚远,父母也不要说一些直白的批评的话语,以免打击孩子画画的积极性,影响了他们绘画天赋的萌发。

另外需要注意的是,父母不能急于让孩子进行成人化的练习。有很多父母总是过于心急,一看到孩子对绘画有兴趣,就想让他们临摹一些成人画家的经典作品,可这无疑会影响孩子的想象力和创造力的发挥,也会让孩子觉得绘画不再是一件有趣的事情。

因此,父母要按照孩子的年龄特点去发掘他们的绘画天赋,而不能想当然地进行引导。比如,1~3岁的孩子连画笔都握不好,父母就不能强迫他们去画出准确的线条,而是可以鼓励他们随性地"乱涂乱画",以提升他们对于绘画的兴趣;3~5岁的孩子已经对形状有了比较清楚的认识,父母可以启发他们用三角形、圆形、方形等形状来组合成各种各样的图像,这种游戏式的练习会让他们觉得非常有趣;5~9岁的孩子能够认识更加复杂的图像,父母可以鼓励他们画出更加生动的图画;至于9岁以后的孩子,如果他们仍然对绘画保持着高度的热爱,父母就可以考虑送他们去专业的培训机构学习绘画技法了。

总之,父母必须按照孩子的生理、心理发展特点去合理地引导和培养,才能让孩子的绘画天赋被充分地激发出来。我常建议0~3岁的孩子父母,在为孩子读绘本的过程中,鼓励孩子大胆创造自己的涂鸦作品——这是父母给予孩子最好的绘画启蒙之一。

把握好孩子的"色彩敏感期"

孩子绘画天赋的萌发还会表现在对色彩的高度敏感上。那些缤纷的色彩会带给孩子不同的感官体验,也会让他们觉得非常兴奋。所以父母经常会看到他们挥舞着水彩笔在纸面、墙面上到处"涂鸦",有时他们还会把身上、衣服上涂抹得五彩斑斓,让父母哭笑不得。

对于孩子喜欢涂鸦的行为,父母一定要给予足够的重视。因为这可能预示着孩子的色彩敏感期来到了,如果父母能够抓住这个"黄金时期"引导孩子运用色彩来进行艺术创作,就很有可能挖掘出他们过人的绘画天赋。

案 例

澳大利亚有一名叫凯西的小女孩特别喜欢"涂鸦"。在3岁的时候,凯西还是一个非常顽皮的孩子,她不停地在家里蹦蹦跳跳、跑出跑进,让想要专心从事艺术创作的母亲头疼不已。

一天,凯西跑进了妈妈的工作间,饶有兴趣地看着桌上的颜料盒,很想伸手去摸一摸。妈妈吓了一跳,生怕她会碰坏自己画了一半的作品,就赶紧给了她一盒旧颜料和几块画布,对她说:"凯西,你自己玩一会儿,别打扰妈妈工作,好吗?"

凯西捧着妈妈送的"礼物",高兴地跑了出去……说来奇怪,一连两个小时,妈妈都没有听到凯西跑动的声音。

屋子里安静极了,妈妈反倒有些不放心了。她放下画笔,走到外面一看,顿时惊呆了。原来,凯西正坐在小桌子前兴致勃勃地"涂鸦"呢。妈妈走近细看,才看到她在画布上涂抹的颜色竟是那么和谐而美丽。妈妈忍不住惊叹道:"天哪,凯西,你画得可真好!你是怎么想到把这几种色彩搭配在一起的?"

凯西听到妈妈的赞美后,甜甜地笑着说:"我就是觉得这些颜色放在一起是最漂亮的。"

在这一刻,妈妈意识到凯西可能有惊人的绘画天赋,便开始有意识地对她进行启发和培养。妈妈从专业的角度给了凯西一些建议,但也没有限制她的灵感发挥,而是经常鼓励她大胆涂抹出自己心中最美丽的色彩。

两年过去了,凯西已经画出了不少颇有艺术气息的画作。妈妈把这些画作拍成照片,上传到社交网站上,想听听大家的意见,没想到几个小时内就收获了无数个点赞。还有一些人在评论中留言,说非常喜欢凯西的作品,想要购买几幅收藏。

这个结果让妈妈十分惊喜。从那以后,她更有信心鼓励凯西"涂鸦"了,凯西也表现出了惊人的色彩敏感度,连续创作出了很

第四章
如何发掘孩子的绘画天赋

多让人惊艳的好作品。

有绘画天赋的孩子可能会像凯西这样,对万事万物多样化的色彩有特殊的敏感。他们不仅能够辨识多种颜色,还懂得调和多变的色彩,创造出自己认为最美丽的颜色。

对于这种富有绘画天赋的孩子,父母要做的是因势利导,即顺应他们的需求和兴趣,引导他们从自发、自由、随意的涂抹逐步发展到有意识地通过配色、绘画来表达自己的情感和想法。

在这个过程中,父母应当注意不要总是从成人的、专业的角度去衡量孩子对色彩的认知。事实上,孩子对于色彩的感受和成人有很大的不同,他们觉得非常漂亮的色彩对于大人来说可能是夸张的、叛逆的。比如有的孩子会把太阳涂成蓝色,把海豚涂成粉红色,这并不代表他们不懂得选择合适的色彩,而是因为他们想要描绘出脑海中那个五光十色的梦幻世界。所以父母不但不应该"纠正"他们,反而还要鼓励他们按照自己的想法选择喜爱的色彩,这样他们的作品会更有创意,他们的绘画天赋也能够得到更好的展现。

此外,父母还要注意不能在孩子挥洒色彩尽情涂鸦的时候随意地打断和责怪他们。孩子在聚精会神地绘画时,难免会把衣服、墙壁、家具涂抹得乱七八糟。遇上这种情况,父母不必大惊小怪,更不应该责打孩子,否则只会挫伤孩子学画的积极性。父母可以专门在家中开辟一个艺术探索空间,再准备好各种适合儿童使用的彩笔、画刷、颜料,让孩子在其中随意地涂抹,这样既不会影响居室的整体美感,又不会错过孩子的"色彩敏感期",还能让他们尽情挥洒自己的绘画天赋,也能为日后正式学画做好必要的准备。

　　我常建议父母,在书房或客厅拿出一面墙,准备一个可以登高的小梯子,让孩子大胆地在墙体上创作。当孩子画满墙体后,父母可以和孩子一起给墙体画命名主题,并标明时间和地点,再引导孩子适当勾勒出搭配的边框,然后为孩子的墙体画作留下小视频及照片保存起来。之后将墙体重新粉刷成白色,孩子就可以再次开启新的墙体画创作之旅。这样做的好处是孩子的绘画灵魂会随着他年龄的增长以及视野和阅读面的拓宽发生内在的变化……也许,就是父母类似这样的有心的引领,一个未来的艺术家的种子就种在了孩子的心田。如果家里的墙体不方便操作的话,建议父母给孩子买一个大的画架,买更多大张的画纸,再配上更多各样式的画笔,鼓励孩子像在墙体上涂鸦一样在大画纸上进行各种"绘画创作"。

引导和提升孩子的观察力

观察力是绘画能力不可或缺的一个重要组成部分。很多孩子有绘画方面的天赋,但真正开始创作时,却会出现作品表现力欠缺的问题,这就应当归咎于平时缺乏必要的观察力训练。

因此,父母在发掘孩子的绘画天赋时,不要忘记引导孩子多观察、仔细观察,要让孩子发现生活中的美,并能在他们的脑海中留下准确、完整、丰富、深刻的印象,这样才能更好地发掘和提升他们的绘画天赋。

案 例

子轩是一个喜欢画画的孩子,很小的时候就会在纸上饶有兴趣地画各种图形了。他的妈妈也很注意发掘他的绘画天赋,还经常鼓励他用心观察各种事物。

妈妈经常对子轩说:"当你有了一双善于观察的眼睛后,就会拥有一颗善于发现美的心。"幼小的子轩虽然不太明白妈妈的意思,可他确实很喜欢观察自己感兴趣的东西,一片树叶、一朵小花、一只蚂蚁、一棵大树都是他观察的对象,他还会把自己观察到的用画笔记录在纸上。妈妈看到了就会夸赞他是个细心的孩子。

秋天来了,妈妈带着子轩去郊外观察落叶。母子俩走进小树林里,蹲在地上,把落叶一片一片地捡起来,翻来覆去地研究。妈妈还不时地启发子轩去发现落叶的特点:"你看,落叶是什么颜色的?它的边缘是什么样子的?它的叶脉有什么特别的地方?"子轩一边认真观察,一边回答道:"妈妈,我发现有的落叶是金黄色的,有的落叶是半绿半黄的,还有的落叶已经枯萎了,上面还有虫子咬的小洞洞……"

妈妈非常开心,连连称赞子轩观察得细致、准确。之后,妈妈又引导子轩观察树叶从树上飘落下来的样子,子轩高兴地说:"妈妈,我发现小叶子落得慢,大叶子落得快,风吹来的时候,地上的叶子还会卷成一团……"

回到家后,还没等妈妈提醒,子轩就主动坐到桌前,拿起画笔,把观察到的画面都描绘了下来。子轩拿着自己画的《秋风落叶图》给妈妈欣赏,妈妈看到子轩把观察到的细节都体现在了画中,虽然他的笔触还很稚嫩,但是表达的意象却丰富多彩。妈妈感到十分满意。

在发掘孩子的绘画天赋时,父母应当像子轩的妈妈这样,注意引导孩子仔细观察各种事物。不过幼小的孩子普遍存在注意力无法持久的特点,如果父母不加引导的话,他们大多不会仔细、

第四章
如何发掘孩子的绘画天赋

专注地观察,所以父母要想办法激发他们的观察兴趣,帮助他们养成认真细致的观察习惯。

在引导孩子观察的过程中,父母可以让孩子按一定顺序来观察事物。因为孩子对于事物的观察可能带有随意性和片面性,他们常常只注意观察对自己最有吸引力的事物的局部,却不会观察事物的整体。比如他们在观察大象时,可能只会注意到大象的长鼻子、大耳朵。这时父母就要引导他们先观察大象的整体外形,然后再依次观察大象的头部、躯干、四肢、尾巴等局部特征。经过多次训练后,孩子就会逐渐养成良好的观察习惯,以后他们在观察事物的时候就会知道应当先进行整体观察,再进行细致入微的局部观察,这样才能更好地掌握事物的细节。

此外,父母还要让孩子学会分析、比较不同的事物。比如可以让他们从物体的形状、色彩、纹理等特点分别进行对比,从而找出其中的相同点,然后再找到不同的地方,这样就能更好地抓住事物的本质,也有助于提高他们的绘画表现力。

在孩子观察事物之后,父母还要及时地引导他们回想刚才看到的所有细节,并鼓励孩子用速写的方式,把自己的观察结果用画笔记录下来,然后再与原事物进行对比。如果孩子回想的印象与原事物有较多不符之处,父母就要提醒孩子重新进行观察。这样孩子的观察能力就会不断提升,绘画天赋也能够得到更好的锻炼。

创设充满艺术氛围的家庭环境

家庭是孩子人生的起点,也是能让孩子受到教育和熏陶的第一所"学校"。因此,父母要重视营造和谐的家庭艺术氛围,这样有助于提高孩子的艺术感知力,对于孩子绘画天赋的开发和培养能够起到潜移默化的效果。

案 例

何女士是一名幼儿园老师,自小就非常喜欢艺术,绘画是她的爱好之一,她对音乐、书法也非常热爱。何女士家里收藏了许多世界名画画册,还摆放了一些精致的雕塑等工艺品,营造出了浓郁的艺术气氛。她的女儿姗姗出生后,为了开发孩子的天赋,何女士会经常抱着她去认识家里的各种不同造型、不同颜色的工艺品。襁褓中的姗姗当然不明白什么是艺术,但她好像对这些事物特别感兴趣,小眼睛总是一眨不眨地盯着看。

渐渐地,何女士发现姗姗对色彩的辨识能力很强,只要给她看一些色彩鲜艳的花鸟画卡片或是穿着五颜六色服装的布娃娃,

第四章 如何发掘孩子的绘画天赋

她就会高兴得"咯咯"地笑起来。有一次,姗姗莫名地大哭不止,怎么哄也不行。何女士就拿出了一个三棱镜,在墙壁上映出漂亮的"彩虹"给姗姗看,姗姗立刻停止了啼哭。

何女士的父亲也是一名书画爱好者,退休后经常在家临摹名画。姗姗上幼儿园前,经常待在外公身边,外公所做的事逐渐引起了她的注意,她还主动提出想学画画,何女士的父亲便抱着试一试的态度,开始教她画画。

出乎意料的是,姗姗像一个有经验的学生,才学了几个月,就画出了形象生动的作品,而且还颇有几分个性。她画的《小人滑雪》,没有画上身子和滑雪板,只有一顶飘然而动的帽子,但一眼看上去,就能给人一种小人正从雪山上飘然而下的动感。何女士一家人看到姗姗的作品后,都不住地称赞她有绘画的天赋。姗姗受到鼓舞以后,学画的兴趣更浓了,接连画出了不少好作品。

姗姗的绘画天赋能够被成功发掘出来,要归功于何女士家里浓厚的文化艺术氛围。姗姗在成长的过程中,通过耳濡目染获得了大量的艺术信息和熏陶,这使她自然而然地对艺术产生了好感,并渴望去亲近艺术,因而才能逐渐展现出过人的绘画天赋。

父母在发掘孩子的绘画天赋时,也可以参考何女士一家的做法,让家中充满艺术氛围。当然,这并不意味着让父母都要去学艺术,都要懂艺术;也不是非得要求父母花费大量金钱为家庭增添昂贵的艺术硬件设施——这些都不是构筑和谐艺术氛围的必备条件。

事实上,父母只要有热爱艺术的愿望,能带动孩子在家中经常听听优美的乐曲,多看看与艺术相关的书籍、影视等,对培养孩子的艺术天赋就已经很有帮助了。相反,如果父母本身举止粗鲁、言语俗气,终日沉迷于打麻将、玩游戏、聊八卦新闻,或是热衷于收看一些低品位的电视节目,就会给孩子造成不好的影响。在这种情况下,父母即使花费再多的财力让孩子学绘画、品艺术,可能也很难有所收获。

由此可见,为了发掘孩子的绘画天赋,保护他们的身心健康,父母应当提醒每一位家庭成员注意自己的文明举止和艺术修养,并要在家庭内部开展艺术情感教育,使孩子能够获得有益的熏陶。同时,有条件的家庭可以对家里的布置略作改变,力求达到美观、大方、朴实、整洁并富有艺术性。比如,父母可以在墙上张贴一些优美的绘画作品,在桌上放一些造型新颖别致、色彩美观和谐的装饰品等,这些都会给孩子以美的启迪和美的享受,有助于培养孩子对绘画的兴趣。

给孩子提供更多的绘画灵感

任何绘画的内容都不是凭空而来的,哪怕再有天赋的孩子,他们的绘画灵感也还是需要来源于生活,即他们在生活中的所见、所闻、所想。所以父母也要想办法用多种手段丰富孩子的绘画素材和资源,为孩子提供更多的绘画灵感,这样才能更好地发掘出他们身上的绘画天赋。

案 例

马先生的儿子豆豆是个"小画家",3岁时就已显露出了绘画天赋。马先生也很支持他画画,可是豆豆总是不知道该画些什么,每次画画前都要先让爸爸给想个题目。

马先生征求了专业人士的意见,发现豆豆缺乏绘画灵感是因为缺乏生活体验,他又不注意观察外界的事物,所掌握的绘画资源很少,结果就出现了无从下笔的问题。

于是,马先生开始启发豆豆从日常生活中寻找灵感。他常对豆豆说:"儿子,你可以先想一想今天发生了什么有趣的事情,再把它画下来。"豆豆歪着脑袋想了一阵子,对马先生说:"今天我和妈妈一起去楼下玩,遇到了住在另一个单元的小哥哥,他教我在草地上踢足球,我们玩得非常开心。"

马先生笑着说:"不错,这是个画画的好题材,你能不能用画笔把当时快乐的感觉记下来呢?"豆豆想了想,点了点头。

不一会儿,豆豆就在纸上画了两个小男孩踢球的画面,虽然构图、形象都还有很多不成熟的地方,但马先生一眼就能看懂他要表达的意思了,这让马先生感到非常高兴。

周末休息的时候,马先生会带着豆豆出门去寻找灵感。他会提醒豆豆注意看湛蓝的天空、洁白的云彩,还有树林、原野、建筑物和人们衣物的颜色等,这些做法不光为豆豆色彩感觉的发展奠定了良好的基础,还让豆豆找到了不少可以画画的好素材。

在马先生的帮助下,豆豆绘画的热情越来越高。现在,他很少会为"不知道画什么"而烦恼了。经过一段时间的锻炼后,他笔下所画的形象也越来越鲜活生动了。

此外,马先生还常抽出节假日的时间带豆豆到市里的博物馆看艺术展览,也常带豆豆去大自然中感受花鸟虫鱼及大山溪水等的神奇之处,以便为孩子的创作带来源源不断的素材。

在孩子为缺乏灵感而感到苦恼的时候,父母可以像马先生这样,多带他们去寻找生活中的绘画资源。孩子见识得越多,积累

第四章
如何发掘孩子的绘画天赋

的创作素材就越多,可供他们发挥绘画天赋的空间就越大,也就更容易描绘出内容生动、充满情感的作品,而不会总是画一些内容空洞、缺乏变化的图画。

因此,父母可以多带孩子参加各种各样的活动。比如,要经常带孩子到动物园看动物,去植物园观看花卉展览,参加各种游园活动,等等。不仅如此,父母还要启发孩子关注生活中的各种细节,如日常生活中吃饭、洗澡、睡觉、刷牙时的某一场景,这些都可以成为孩子画画的素材。

另外,父母还要鼓励孩子多阅读一些画面清晰、富有美感和想象力的绘本。这类书籍不但能够带给孩子美的享受,还能够扩展孩子的认知经验,刺激他们的想象力。父母还可以在孩子阅读绘本之后,启发他们把故事内容根据自己的理解和自己的生活体验描绘出来,这也是一种不错的发掘绘画天赋的办法。

还有,父母可以将儿歌引入孩子的绘画启蒙中。有很多通俗易懂的儿歌能将事物的特点用简洁明了的语言表现出来,很贴近孩子的生活,非常适合成为孩子画画的素材。父母可以启发孩子以儿歌中的内容来画画,这可以提高他们的绘画兴趣,也能帮助他们更好地发现美和欣赏美。比如,父母可以先让孩子学读儿歌《小蝌蚪》:"小蝌蚪,细尾巴,身子黑,脑袋大,水里生,水里长。"然后再让孩子画出小蝌蚪。这样孩子就会根据儿歌的提示把小蝌蚪的样子画得更加生动形象。另外也可以让孩子在阅读绘本的过程中，从绘本的插图和故事情景的表达中发现和抽取绘画的素材。

　　总之，孩子绘画的灵感并不难获得，只要父母善于启发，就能让孩子的审美感知力越来越强。与此同时，他们的绘画天赋也会表现得更加突出和明显。

第五章 如何发掘孩子的表演天赋

发掘表演天赋，从提升模仿力开始

想要发掘孩子的表演天赋，可以从提升他们的模仿力开始。很多父母可能会觉得模仿他人的动作、语言、行为习惯是很简单的事情，可实际上，想要模仿得形神兼备、惟妙惟肖，需要孩子充分发挥自己的注意力、观察力、记忆力、理解力、感受力等多种能力。所以父母可以有意识地从这方面对孩子进行启发和引导，使孩子从模仿开始，逐渐激活独特的表演创造力，进而就可展现出让人惊喜的表演天赋来。

案 例

小男孩家豪在3岁的时候就特别喜欢模仿别人。有一次，妈妈看到家豪在模仿太奶奶走路的样子。太奶奶有些驼背，腿脚也不太灵便，走路时需要拄着拐杖。家豪看见了，就找来了一根木棍，学着太奶奶的样子，弯着腰，慢悠悠地走几步，又停下来；还老气横秋地叹上一口气，再用小拳头捶一捶自己的后背。妈妈和太奶奶都被他逗得哈哈大笑。

第五章
如何发掘孩子的表演天赋

家豪还模仿爸爸、妈妈的样子，每次都能模仿得惟妙惟肖。妈妈认为家豪能成为优秀的表演人才，于是便用心发掘他的表演天赋。每次家豪看完动画片，妈妈就会对他说："咱们来学学动画片里的××角色吧，你还记得他的样子吗？"家豪总会自信地回答："当然记得。"接下来，他就会模仿起那个人物的样子，嘴里还说着该人物的台词，就连语调、语气都学得一模一样。

妈妈看他表演得这么认真，心里更加高兴。为了鼓励他，妈妈亲手制作了一些"道具"，有王子的头饰、侠客的披风、妖怪的武器，等等。这些新颖有趣的道具更是引发了家豪模仿的兴趣，他自如地摆弄着道具，感受着模仿表演带来的快乐。

妈妈看他玩得这么投入，就趁势对他做进一步的引导：告诉他想要表演得"像"，不能光靠模仿，还得加入自己的感情，只有用心体会人物的内心世界，才能用不同的表情来表现开心、难过、羞愧、烦躁之类的情绪。

在妈妈的启发下，家豪的模仿不但越来越逼真，还开始有了自己的特点，他的表情也越来越丰富，扮演的角色充满了灵气……

好模仿是孩子的天性。很多孩子在很小的时候就开始模仿自己的父母，父母做什么，他们就学着做什么。这其实是他们认识世界的一种方式，不过能够像家豪这样把角色模仿得形神兼备的孩子还是少数。

在孩子表现出超强的模仿力时，父母一定要给予充分的重视，并要进行正确的引导。比如，在孩子模仿他人的时候，父母应当认真地观看，告诉孩子可以在哪些细节方面做出改进，以便提升他们模仿的准确性，细化他们对模仿对象的感知力，使他们能够更准确地掌握模仿对象的要点。同时，父母还要想办法提升孩子的想象力和创造力，使他们能够从单纯的"模仿"过渡到真正的"表演"，让他们的表演天赋能够得到充分的发挥。

除了引导孩子模仿大人的表情、动作、举止外，父母还可以参考案例中家豪的妈妈的做法，引导孩子模仿动画片、儿童影视剧中的人物或动物形象。在进行这样的模仿时，孩子需要有一定的思考，他们的参与积极性也会更强。随着孩子模仿力的提升，他们还会根据自己的想象加入一些有趣的表情、动作、姿势，等等。这些都是孩子已经触及角色内在特点的表现，父母要给予他们充分的肯定。

需要提醒的是，由于孩子更多地还是会模仿家长特别是父母的言行举止，而且孩子的是非观念比较差，很容易模仿到一些不好的行为、语言，所以父母一定要注意自己在孩子面前的形象，千万不要在孩子面前说粗话，或是做一些不文明、不礼貌的举动。父母应当给孩子树立一个值得模仿的榜样，才能让孩子在提升表演天赋的同时，还能在思想道德方面获得很多有益的教育。

在前文中提到的《父母的语言》一书里指出，孩子早期的语言环境，即父母或孩子身边亲密关系的人提供的语言环境，很大程度上决定了孩子先天潜能的发挥。语言的神奇作用远不止简单的词汇的导入，它还是决定特定神经元回路的丰富性、持久性和修剪其他神经元回路的必要的刺激因素。根据父母对孩子所说的词汇量和父母对孩子说话的方式，"父母的语言"会对孩子的数学能力、空间推理、自身行为约束和道德品质等诸多方面产生深远的影响。（在《父母的语言》这本书里，还有很多内容值得所有的父母去学习并努力践行）

帮助孩子丰富自己的肢体语言

孩子的肢体语言是丰富多彩的，在他们还不能完整地用语言来表达内心想法和情感的时候，就已经会用表情、姿势和动作向父母发出各种"信号"了。父母可以有意识地训练和丰富他们的肢体语言，让他们能够用这种特殊的"语言"大胆地表达自己的想法和情感。在这个过程中，他们可以进一步解放肢体、释放天性，这会使他们的表现力变得越来越强，也会让他们优秀的表演天赋逐渐显现出来。

案 例

沈女士的女儿妞妞还不到2岁，刚学会说话不久，很多想法还无法准确地用语言来表达。这时候细心的沈女士就发现妞妞的肢体语言非常丰富：她高兴的时候手舞足蹈，显得欢欣雀跃；生气的时候就会拳打脚踢，一看就知道又跟妈妈"闹意见"了；难过的时候她又会捂着小脸、低垂着头，那副样子把沈女士都逗乐了。

有的时候，妞妞想告诉沈女士一些事情，但她怎么说沈女士

第五章
如何发掘孩子的表演天赋

也弄不懂,妞妞就会想尽办法用肢体语言给沈女士表演出来;要是沈女士没看懂,妞妞还会换一种动作或姿势来表明自己的想法。沈女士惊喜地发现妞妞的表达非常到位,大多数情况下自己很快就能弄明白她究竟想要说什么。

有天晚上,沈女士抱着妞妞,跟她一起读童话故事书《三只小猪》。这个故事妞妞很喜欢,也已经听沈女士讲过很多遍了,所以对故事情节非常熟悉。沈女士讲到三只小猪开始盖房子的时候,还没翻到下一页,妞妞就自己讲起了下面的内容。可惜她的发音还很含糊,沈女士没听清她在讲什么。妞妞又连着讲了好几遍,沈女士还是听不懂。最后,妞妞着急了,小脸涨得通红。她挣脱了沈女士的怀抱,站起来一边做弯腰搬东西的动作,一边学着小猪的样子,吃力地发出"哼哼"声。沈女士一看就明白了,连忙说:"你讲的是'小猪在辛苦地搬砖盖房子',对吗?"妞妞这才满意了,高兴地连连点头。

还有一次看绘本的时候,图片中有很多小动物在排着队做体操。妞妞好奇地指着小动物说:"它们在做操"。可是"做操"两个字的发音不准,被她说成了"桌超"。见沈女士没听明白,妞妞就站在床上,一会儿下蹲,一会扭腰,一会伸展手臂。沈女士一下子就看懂了,笑着说:"妈妈知道了,小动物们在做操。"

案例中的妞妞是一个喜欢运用肢体语言的孩子,肢体语言不仅能够让她更好地表情达意,还激发了她的表演欲望,对于表演天赋的开发也有着莫大的好处。

在生活中,如果父母发现自己的孩子也能像妞妞这样善于运用肢体语言,就可以采取多种方式来发展他们的基本动作,提高他们的肢体表达能力和表演能力,使他们能够用肢体表达更多的思想感情,让他们的肢体语言变得更美更传神。

当然,要做到这一点,离不开孩子丰富的生活体验。毕竟,生活才是艺术的源泉,离开了生活体验,孩子的肢体语言只能是苍白而缺少活力的,只有建立在真实生活体验的基础上,孩子的肢体语言才是充满童趣和富有表现力的。

为此,父母应当经常引导孩子去观察、感受生活中的各种事物,让他们体会生活中的美,并能够形成细节性的记忆表象,这样才可以更好地用肢体语言去表现这种美。孩子观察得越仔细,他们的肢体语言就会越丰富、越生动。

另外,父母也可以多创造一些外出亲近自然的机会,有意识地引导孩子观察大自然中的动物、植物等,这样也能为他们的肢体语言提供一定的素材。

此外,当孩子不能很好地用口头语言来表述、描绘一个事物或一种现象时,父母还要及时地提醒、帮助他们借助肢体语言来辅助表达,这会使他们的表达变得更为准确、生动,同时也能为发掘他们的表演天赋创造条件。

启发孩子自如地运用表情表达情感

在发掘孩子的表演天赋时，父母不仅要重视丰富孩子的肢体语言，还要注意训练他们的面部表情。因为表情也是一种十分重要的非语言表达手段，能够很好地传达人物内心的各种情绪、感受。所以父母应当对孩子多加启发，使他们能够自如地运用丰富的表情来传情达意，这不仅能够提升他们的自我表现力，还能够展现他们优秀的表演天赋。

案 例

胡女士的女儿刚满2岁，长得十分漂亮可爱。胡女士十分疼爱女儿，经常把她抱在怀里，端详着她的小脸儿，怎么看也看不够。

时间久了，胡女士发现女儿的表情十分丰富，那张小脸简直说变就变，时而微笑，时而大笑，时而严肃，时而委屈，时而难过，时而啼哭……

胡女士最喜欢看女儿微笑的表情，那无邪的笑容总是让胡女士觉得心里暖洋洋的。胡女士想用相机记录下这可爱的瞬间，谁知女儿却总是和妈妈"作对",一看见妈妈拿起相机,她就会露出一脸严肃的表情,让胡女士觉得非常无奈。

随着女儿一天天长大,胡女士发现她特别有表演天赋。女儿会经常对着镜子表演吃东西、喝水的样子。有一次,胡女士看到她站在镜子前,手里拿着一个口香糖盒子,往手上一倒,再仰头扔进嘴里,接着嘴巴用力地咀嚼起来。这时候她还眯着眼睛,露出笑容,那副表情好像在说:"真好吃。"胡女士觉得吃口香糖对孩子的健康不好,赶紧上前阻拦,哪知道走过来才发现女儿手里拿的是个空盒子。原来,她是在用动作和表情表演"吃口香糖",而她的表演竟然成功地骗过了胡女士,这不禁让胡女士觉得又好气又好笑。

等女儿再大一点,胡女士还会经常和她玩"表情游戏",以更好地发掘她的表演天赋。胡女士会先做出高兴、伤心、生气等不同的表情,再让女儿猜猜妈妈想要表达什么样的情感,女儿总是能够快速地说出正确的答案。

胡女士还做了一套表情卡片,上面画着卡通小人做各种表情的样子。胡女士会把卡片的顺序打乱,然后让女儿从中抽出一张,说出小人做的是什么表情,再学着小人的样子做一个同样的表情。女儿很喜欢这个游戏,每次都会乐此不疲地玩很多遍。同时,在玩游戏的过程中,她对各种表情的把握也越来越准确了……

第五章
如何发掘孩子的表演天赋

通过案例我们可以看出，胡女士的女儿有着很强的表演天赋，她的表情非常丰富，而且已经开始学会把表情当作一种表演的手段。

对于这类孩子，父母应当引导他们进一步体验表情与情感、心理的联系，让孩子能够更好地运用表情来传情达意。

比如，父母可以让孩子站在镜子前面，观察自己不同的表情（笑、哭、生气、惊讶、悲、愁等），看看在做这些表情时，眼睛、眉毛、嘴巴等各有什么特点。比如，笑的时候眼角弯弯，嘴角上翘；生气的时候眼睛瞪圆，眉毛上竖，牙关紧咬；哭的时候眼角下吊，嘴巴张大，泪如雨下等，都可以让孩子认真体验一番。

当孩子掌握了不同表情的特点之后，父母还可以引导他们把表情画在纸上，这样能够产生更加直观的体会。

另外，父母还可以设计一些场景，让孩子产生相应的情感、心理，并做出该种表情。比如，父母可以让孩子设想自己正在用积木搭高塔，没想到刚搭好就被爸爸不小心弄倒了。这时候让孩子体会生气、惋惜的心情，然后再做出相应的表情，效果就会比直接练习做表情要好得多。

鼓励孩子把故事里的情节演出来

孩子天性活泼,他们爱动、爱说、爱笑,天生有一种表演的欲望。父母不妨多给他们提供一些自我表现的机会。比如,可以鼓励他们把日常读到或听到的绘本故事、童话故事,以丰富的表情、动作表演出来。这样能够满足孩子喜爱表现的愿望,可以充分发挥他们活泼可爱的天性,也有助于发掘他们的表演天赋。

案 例

刘先生的儿子从小有个习惯,就是每次睡觉前一定要听爸爸或妈妈读一个故事。他对于故事的内容没有什么要求,只要能够听着父母的声音,就能安心地睡去。

慢慢地,儿子一天天长大,对故事的要求也多了起来。刘先生觉得干巴巴地讲故事已经满足不了孩子的需求了。于是,他开始想办法把讲故事和表演结合起来。

有一次,在给儿子讲《西游记》里"猪八戒吃西瓜"的故事时,刘先生灵机一动,对儿子说:"你给爸爸表演一下猪八戒吃西

第五章
如何发掘孩子的表演天赋

瓜的样子吧。"儿子觉得非常有趣，马上站了起来，挺起胸，腆着肚子，装成猪八戒的样子，还拿几本书当作西瓜，嘴里说着："这里有4片西瓜，我把自己的1片先吃了。"然后做出吃西瓜的样子，大口大口吃得很香。过了一会儿，儿子又说："西瓜真好吃，我把猴哥的也吃了。"就这样，儿子把4片"西瓜"都"吃"掉了。刘先生第一次看到儿子声情并茂地把故事中的情节展现了出来，心里的喜悦简直难以言表。

从那以后，刘先生经常鼓励儿子进行类似的即兴表演。每次拿到新的故事书后，刘先生会自己先仔细阅读一遍，从中找出适合孩子表演的故事线索，把这条线索明确后，再利用讲睡前故事的机会讲给儿子听，然后会抽时间鼓励孩子把故事表演出来。有时刘先生还会和孩子进行角色的互换，这样不仅能够增加孩子表演的乐趣，还能让他学会揣摩不同人物的语气、表情和内心世界。这种表演故事的方式让孩子觉得很有意思，他乐此不疲，只要一有空闲就吵着要和爸爸、妈妈一起表演故事，而且一个故事表演七八遍都不会感到厌倦。

父母们不妨参考刘先生的经验，用孩子已经听过的故事来引导他们进行即兴表演。采用儿童故事作为孩子的表演素材是有很多好处的，因为这种故事的情节大多充满了趣味性和想象力，符合儿童的天性和求知欲望，而且故事的内容孩子也比较熟悉，很容易融入其中。

不过为了达到最好的表演效果，父母还是要注意选择最适合的故事。一般主要人物较少、篇幅较短、故事点集中、内容简单，甚至有些重复情节的故事，最适合年龄小的孩子表演。比如《爷爷一定有办法》《猜猜我有多爱你》《小兔子乖乖》等都是不错的选择。

随着孩子的年龄增长，他们的理解能力、表现能力也会逐渐增强，父母就可以选择一些角色更多、情节更为复杂的故事。但要注意角色最好不要超过5个，否则孩子在阅读和表演时都会感觉有些混乱，对故事的"全景"也不太好把握。

另外，父母也应当参与到孩子的表演中去，这可以提升孩子的积极性。在和孩子一起表演时，父母一定不能表现得过于拘束，不要因为不好意思就不想做某些动作或表情。其实无论父母在表演时做出什么样的表情，发出什么样的声音，孩子都会觉得很有趣味性，也会愿意去模仿。所以，父母不妨表现得夸张一些，最好能够充满激情地投入到表演中，这样才能让孩子得到启发，受到感染，他们表演的效果也才会更加理想。

引导孩子对表演内容进行合理改编

一味进行模仿表演，或是一直按照现成的故事"剧本"进行表演，可能会让孩子感到厌烦，所以父母还可以尝试引导孩子对表演内容进行一些合理的改编，创作出属于自己的独特的"剧本"。

在这个过程中，孩子可以更好地把握表演的内容，并会充分发挥想象力和聪明才智加入自己的想法，这不仅对提高他们的表演天赋来说是一种很好的锻炼，还能够促使他们从依赖性较强的模仿表演逐渐走向更加灵活生动的独立表演。

案 例

齐女士的女儿很有表演天赋，能够模仿好几种小动物的叫声、形态，还经常在家学爸爸、妈妈和奶奶走路、说话的样子，也都学得惟妙惟肖。齐女士在高兴之余，又有些担心孩子一味模仿会抹杀了她的创造力和思考力。因此，齐女士经常鼓励孩子在表演时大胆加入自己的想法，想怎么演就怎么演，不要总是模仿或让妈妈教。

有一次,齐女士和女儿正在以一本童书为"剧本"做表演游戏,书上有"森林里突然下起了倾盆大雨,小动物们纷纷躲雨"的情节,但小动物躲雨的动作、语言等细节,书上并没有写明。齐女士就问女儿:"你能给妈妈表演一下小动物是怎么躲雨的吗?"女儿想了想,就把双手遮在头上,一边往前跑,嘴里还一边叫着:"下雨啦!下雨啦!大家快来躲雨啊!"女儿只用了一个简单的动作和一句简单的台词,就把小动物躲雨的样子表现了出来,让齐女士非常开心。

还有一次,母女俩一起做《小猪盖房子》的表演游戏。演到结尾时,齐女士发现女儿有点意犹未尽的感觉,就对她说:"这个结局太简单了,我们把它改一改好不好?"女儿欣然同意,但是一时不知道该如何着手。齐女士就启发她说:"你还记得咱们演过的《小兔乖乖》吗,那个结尾挺有意思的,可不可以放到这里呀?"女儿用心回忆了一会儿《小兔乖乖》的情节,高兴地对齐女士说:"妈妈你继续演大灰狼,我还是演小兔。"说完,女儿还给齐女士分配了几句新的台词和动作,又塞给齐女士一个鸡毛掸子当"尾巴"。

接着,女儿扮成小兔说:"大灰狼,你先把尾巴伸进来让我瞧一瞧,我才让你进来!""大灰狼"说:"那你把门打开呀,要不我怎么伸进来呢?"女儿笑眯眯地说:"那好吧,只给你开一条小缝哦。"

第五章
如何发掘孩子的表演天赋

等到"大灰狼"从门缝里把"尾巴"伸进来时,女儿"砰"的一声把门关上,"尾巴"被夹断了,"大灰狼"疼得"哎哟哎哟"叫起来……

经过女儿这样的改编后,故事的结局变得更加丰富有趣,女儿也表演得不亦乐乎,齐女士高兴地夸她真聪明。

在平时指导孩子学表演时,不少父母会先给孩子设计好表演的内容,再要求孩子按照预定好的"剧本"一板一眼地表演。这种做法会在无形中禁锢孩子的个性,抑制他们主动性的发挥。而齐女士采用的做法则截然相反,她不会事事亲力亲为,更不会要求孩子按自己的要求去表演;她给了孩子充分的自主权,让孩子根据自己的想象对情节、角色进行创新、加工,这就给孩子提供了更多的自我表现的空间。

当然,由于孩子的认知水平、表演能力还比较有限,有时他们的想法会显得有些幼稚,这时父母不妨以讨论、商量的方式给孩子一些有益的引导,使他们逐渐学会合理改编、适度创新。

比如,父母可以引导孩子对角色的语言和动作进行设计。在文学作品中常有一些描述性的语句不适合直接表演,父母就可以引导孩子开动脑筋,把描述性的文字转化为角色具体的语言和动作,使之适合表演。如《三只小猪》故事的前半部分"三只小猪各自盖房子"的情节多为描述性语言,父母可以引导孩子把这些描述性语言改编成三只小猪的对话。这样孩子在表演时就能通过对话更好地表达出自己的情感，表演也会显得更加生动有趣。

父母还可以引导孩子对故事情节进行改编。比如，可以借助想象力和创造力增减或改编某些情节，再进行合理的创新；也可以像案例中的女儿那样，把自己喜欢的其他作品中的情节略作修改后"移植"到现有的作品中来；还可以引导孩子把看过的动画片的内容改编成适合表演的故事"剧本"，这样的改编都能够让孩子的创造力、表现力得到很好的锻炼。

此外，父母还可以引导孩子适当增加或删减一些角色，并尝试塑造和扮演新角色，这样不仅能够调动孩子的聪明才智，也能为孩子提供不同难度的表演角色，可以激发出他们更大的表演欲望。比如，孩子已经表演过《聪明的阿凡提》中的一个故事了，其中只有机智的阿凡提和愚蠢的国王这两个角色；父母可以和孩子讨论看看能不能增加一些新的角色，像在国王身边出坏主意的大臣、抓阿凡提入宫的士兵、拥护阿凡提的老百姓等；然后让孩子分别试着扮演这些角色。这样会让孩子感到非常新鲜有趣，在他们积极地揣摩不同角色的神态、表情、语气等的同时，他们的表演能力也得到了快速的提升。

第六章 如何发掘孩子的体育运动天赋

重视孩子的体育运动天赋

3~4岁是孩子获得各种运动技能的重要时期。在这个阶段，有的孩子在体育运动方面会逐渐显示出自己的天赋，父母常常会发现他们对某些运动项目特别感兴趣，学习起来也得心应手。

对于这样的孩子，父母一定要重视发掘、培养他们的运动天赋，使他们的身体素质不断增强，运动能力不断提升，这样将来他们就很有可能在体育、武术、杂技、健美等方面成才，成为众人羡慕的佼佼者。

案 例

邹市明是我国著名的拳击国手，曾经取得过多个全国冠军，是国内在该级别上最有实力的选手。27岁时，邹市明在奥运会上获得金牌，成为世界冠军。人们对他那无与伦比的拳击天赋称赞不已，可是，很少会有人想到他小时候竟是一个让父母头疼不已的孩子。

邹市明出生在贵州省遵义市一个知识分子家庭。从小，父亲

第六章 如何发掘孩子的体育运动天赋

邹建国就很重视对他的天赋启蒙和教育。但是让邹建国略感失望的是,邹市明虽然懂事很早,却没有表现出有某种天赋的迹象。邹建国尝试对他进行过音乐、绘画、外语、数学等多种天赋的启蒙,他都显得毫无兴趣。

那时候,幼小的邹市明最喜欢的事情就是坐在电视机前观看体育比赛,特别是拳击比赛,更是让他看得如痴如醉;而邹建国给他买回来的精美的画册、故事书等,他连翻都懒得翻一下。最初,邹建国总会生气地把孩子从电视机前拉走,让他去读书、写字、听音乐。可是邹市明对这些事情不感兴趣,学习的效果可想而知。

邹建国对孩子的教育问题束手无策,他只能花时间仔细地观察孩子的一举一动,想要看看孩子究竟擅长什么。后来,邹建国无意中发现孩子一边看拳击比赛一边练习出拳,打拳的模样还很有招式,动作也非常迅猛,他感觉眼前一亮。

直到这个时候,邹建国才意识到自己忽略了孩子的体育天赋,他决定马上带孩子去学习他最喜欢的体育运动。

邹建国把这个决定告诉了邹市明,孩子高兴得跳了起来。不久,邹市明就进入了遵义的一家武术学校学习。在那里,他表现出了令人惊叹的运动天赋,只用了3年多的时间,就准确掌握了师兄弟们6年才能学完的武术套路。

16岁时,邹市明进入了贵州省拳击队。他对于学习拳击特别有悟性,还被队友称为"神奇的拳击小子"。他发挥自己的天赋,开创出了一套独特的"海盗式打法",表现为"一击命中,立即遁开""防守撤退时突然出拳反击,并得分"。正是这种别具一格的打法让他在国际大赛上表现得极为出色,先后为祖国捧回了多枚金牌。

孩子在体育运动方面的才能,开始时可能会像邹市明这样,表现得不那么明显。但是,只要父母足够细心的话,还是可以从孩子的身体素质、兴趣、爱好以及一些细小的动作中,发现他们在这方面的天赋。

比如,孩子身体的各项健康指标都能达到优秀,而且他们身强体壮、力气很大,身体的灵活性、平衡性、协调性也很好;他们特别喜欢体育运动,尤其愿意参加各种比赛;他们精力充沛,运动起来感觉轻松自如……

凡此种种,都说明孩子具有很好的体育运动天赋。这时候父母就要注意对他们进行有针对性的培养。如果家庭有条件的话,在孩子6岁以后就可将他们送往专门的体育学校进行训练,这样也方便观察孩子的运动技能是否能够获得进一步的提升,父母也可借此确定孩子未来的发展道路。

此外,父母应当端正自己的态度,不要被一些诸如"孩子学习不好才进体校"的看法所影响。事实上,学习不仅是学课本知识,练习体育技能也是一种学习,而很多体校在训练孩子体能的同时也会给孩子安排文化课,不会让学体育的孩子耽误文化知识的学习。

因此，只要孩子对体育运动充满兴趣，也具备良好的身体条件，父母就应当创造条件让他们接受系统的、正规的体育教育，以使他们的体育运动天赋能够尽早开发、尽快提升。

引导孩子掌握和提升运动技巧

运动是需要掌握技巧的。否则,不但无法使体育运动天赋得到有效的开发,还容易造成身体损伤,对孩子的成长十分不利。因此,父母在发掘孩子的运动天赋时,一定要注意引导他们提升运动的技巧,要帮助他们发展和提升肌肉的协调性,使他们能够合理正确地参与运动,并能够安全自如地使用运动器械。

案 例

赵女士的女儿最近对跳绳产生了兴趣,经常缠着妈妈说自己想学跳绳。赵女士就为她购买了跳绳,还给她做了示范动作,让她试着自己跳。

女儿刚开始练习,动作很不协调。她每一次挥动绳子时,双手都会不自觉地往上提,结果绳子甩到身前时,离地面太高,双脚根本就跳不过去。

女儿试了几次都没有成功。最后,她失去了耐心,把跳绳扔到一边,"呜呜"地哭了起来。赵女士连忙上前安慰,并告诉她:

第六章
如何发掘孩子的体育运动天赋

"学习任何体育运动都不能着急,一定要先掌握技巧。"

等女儿恢复平静之后,赵女士帮她分析了跳绳失败的原因。她告诉女儿,跳绳时要让双手自然下垂,挥动绳子甩到身前,在绳子与地面接触的那一瞬间快速起跳。

女儿一时还不能掌握动作技巧,赵女士又指导她进行动作分解练习:先慢慢地用双手摇起绳子,从身后甩到身前,在绳子接触地面时停下一拍,然后双脚并拢轻轻地跳过绳子……按照这样的方法,女儿练习多次,终于熟练地掌握了全部的动作。

接下来,赵女士又教女儿要注意手、脚协调配合,并鼓励她把整套动作连贯起来练习。女儿大着胆子练习,没想到第一次试跳就成功了。女儿开心极了,大声叫着:"我学会跳绳了!"

就这样,小姑娘喜欢上了跳绳。她由此建立起了对自己运动能力的自信,在妈妈的引导下逐步爱上了体育运动。

体育运动非常讲究技巧性,父母在发掘孩子的体育运动天赋时,一定要注意不能让孩子在掌握技巧之前就开始大量训练,更不能盲目地让他们做一些难度较高、危险系数较大的动作,以免引发严重的后果。

父母应当像案例中的赵女士那样,先把运动的要领、技巧讲给孩子听,并最好能够亲自演示给他们看,使他们知道什么样的动作是最标准、最省力、最能够达到运动效果的。那样他们才能够更好地发挥天赋,在提升自己体能的同时还可以在体育锻炼中取得上佳的表现。

另外,在孩子参加体育锻炼的时候,父母还应该认真观察他们的动作、姿势,再针对其中的问题给出指导。这一点在孩子刚开始练习某种运动时尤为重要,因为只有前期打好了技巧基础,才会让锻炼效果稳步提升。相反,要是孩子一开始没有掌握正确的技巧,甚至一些动作、姿势是很不标准的,会严重影响学习效果,更会造成孩子的身体损伤;而且孩子一旦养成了错误的习惯,后期想要纠正就会难上加难。

因此,父母一定要让孩子在最初练习时就能够掌握运动技巧。如果父母本身缺乏专业知识,无法为孩子提供细节方面的指点,可以考虑带孩子到正规的培训机构,接受体育老师的指导,以使孩子的体育运动天赋能够得到充分的发掘和提高。

互联网时代,网络里有各种体育运动项目的标准分解动作。父母和孩子可以一起学习,然后再给予孩子正确的指导。

鼓励孩子积极从事体育锻炼

父母还要注意多鼓励孩子参加体育运动，这不仅能够为他们的体育运动天赋的展现提供机会，还能增强他们的身体素质，磨炼他们的意志。

无论是登山、游泳、跑步这样的个人运动，还是打乒乓球、羽毛球这样的对战运动，只要孩子有积极性，都可以让他们试着学一学、练一练。在运动中，孩子不仅能够学到新的运动技能，还能培养拼搏向上、力争上游的体育精神，更可增强自信心和战胜困难的勇气，这些都会让孩子终身受益。

在西方的教育中，无论家庭还是学校都很重视孩子对体育运动的爱好，特别是一些类似篮球、橄榄球、棒球等需要团队合作精神的体育运动更受青少年的喜爱，这与父母对孩子从小的引导是分不开的。

亮亮今年刚满3岁，是一个长得虎头虎脑的小男孩。一两岁

时，亮亮特别顽皮，每天总是在床上、沙发上爬来爬去，一刻也停不住。如果爸爸妈妈强迫他安静地坐一会儿，他就会摆弄自己的小手小脚，身子还会来回地扭动，简直可以用"如坐针毡"来形容。爸爸参考了一些育儿丛书后，认为亮亮可能有较好的体育运动天赋，所以爸爸打算等亮亮长大一些，就给他安排一些体能锻炼，以充分发掘他的运动天赋。

可让人意外的是，亮亮在3岁以后，居然变得喜静不喜动了。父母让他出去玩耍，他不是说"太阳太大，我怕热"，就是说"不想走路，脚疼"。父母经常鼓励亮亮跟小伙伴一起踢球，他也总是拒绝；外出时他更喜欢远远地看着小伙伴奔跑、嬉戏，却不愿意参与其中。

亮亮的反常表现让父母有点担心了，他们决定带亮亮去他渴望已久的海南三亚旅游，给他创造一些运动的机会。

到了三亚的海边，看到一望无际的大海之后，亮亮终于振作起来了。他在海滩上跑来跑去，又跳又笑，高兴得不得了。一天下来，竟然没有喊一声"累"。

通过这件事，父母发现亮亮的运动潜能还是很大的，但是如果不是他特别感兴趣的运动方式，他就不会积极参与。为此，父母想了一些好办法，设法让亮亮喜欢上运动，以不至于荒废了他的宝贵的体育运动天赋。

有一次，父母让亮亮练习走平衡木，以提高他身体的平衡感。其实亮亮2岁时就已经能够独立走完8米长的平衡木了，只是因为单纯地走来走去让他觉得无聊,所以他才不愿意去做。于是,爸爸就设置了一个有趣的情景:让亮亮扮演一个小情报员,要过河给红军送"鸡毛信";河水很急,而河面上只有一座独木桥;亮亮一定要非常小心地通过独木桥,才不会掉到河里,被河水冲走。亮亮听完爸爸的话后,感觉很有意思,马上站在平衡木上走了起来,很快就顺利地"过了河"。

看到爸爸的办法成功后,妈妈也不示弱,想出了一个"激将法"的好点子。她让亮亮练习拍皮球,本来亮亮能连续拍30下皮球,还被爷爷奶奶夸奖过。可妈妈却不去夸奖他,反而故意说:"亮亮,你怎么退步了,才拍了29下皮球!"亮亮一听,很不服气,撅着嘴说:"明明是30下的,不信我再拍给你看!"不知不觉,亮亮拍皮球的时间居然超过了半个小时,而且越拍越好,连拍的次数也越来越多……

可能很多父母也像亮亮的父母一样,发现了类似的问题:孩子在一两岁的时候表现出了很强的运动天赋,对运动也充满了兴趣,但随着年龄的增长,孩子却又变得不太爱动了。

这种情况让父母感到十分困惑,但却是一种非常正常的现象。这是因为孩子的动作发展有一个由自发性到自主性的过程:一两岁的孩子正处于动作发展最为迅速的时期,他们学会了随意地独立行走,还会用手玩弄或操纵物体,能够完成不少精细动作,所以他们的运动天赋也会在这个阶段表现出来。但是过了这段时期后,孩子运动能力的发展就会逐渐进入自主性阶段。这时如果缺乏系统的培养和正确的引导,即使是有运动天赋的孩子,也不太容易形成主动运动和锻炼的好习惯,除非他们对某种运动有兴趣、有好奇心,才会愿意多参与。

因此,对于3岁以后的孩子,父母要特别注意鼓励他们积极参与体育锻炼,以免他们养成不爱运动的坏习惯,让本身具有的体育运动天赋被白白荒废。

然而,在现实生活中,有部分父母因为工作忙没时间带孩子到户外活动,让孩子们缺乏奔跑、攀高、你追我赶地打闹的机会,让孩子失去了对体育运动的兴趣而迷恋上了手机和游戏;还有些父母因为过于担心孩子的安全,害怕孩子在运动中受伤,也没有为孩子合理地安排户外运动。殊不知,这样的做法对孩子运动天赋的损害将是长期性的、难以弥补的,而且缺乏足够的运动对于孩子的生长发育和身体健康也很不利。

在这里我想特别提醒家有男孩的父母,在体育运动方面要从小就引导孩子爱上至少一项体育运动,也可以多尝试几种运动看看孩子在哪方面有天赋。喜欢体育运动的男孩在青春期到来时体内的荷尔蒙可以通过运动来调节,这会有利于孩子们的身心发育和成长。(在此特别推荐父母阅读《养育男孩》一书)

让孩子多参与户外运动

在鼓励孩子从事体育锻炼的过程中,父母要引导他们多参与户外运动。因为孩子在户外能够呼吸新鲜的空气,接受阳光的照射,这对于他们的骨骼发育和身体素质的提升都是很有好处的。时间长了,孩子各系统、各器官的生理机能也都会有所改善,这会让他们具备适合体育锻炼的最佳的身体条件。

不仅如此,孩子在户外从事运动,也不会受到空间的限制,可以方便地开展多种体能练习,能够让身体各个部位都得到有效的锻炼,因而运动能力的提高会非常迅速。

案 例

戴先生是某市登山运动协会的会长,有20多年的攀岩经验。他有一个可爱的儿子,小小年纪就成了攀岩的好手,而这自然离不开戴先生对孩子的悉心引导。

在儿子还不到1岁的时候,戴先生就非常重视发掘他的体育运动天赋。他会经常带儿子到郊外参加野营活动。那时,戴先生和妻子轮流抱着儿子,徜徉在风光秀丽的湖光山色中,让孩子逐渐养成了亲近自然、喜欢到大自然中运动的好习惯。

见儿子对户外运动有好感,戴先生便经常把他带在身边,无论是去各地攀岩,还是做其他户外活动时,也都很注意培养儿子的运动兴趣。开始,儿子体力和耐力都差,攀岩时没多久就觉得很累,经常没有爬到目标点就放弃了。戴先生见儿子情绪低落,便会鼓励他说:"不要泄气,你已经很厉害了!"

儿子听了戴先生的话,很快就振作起来,主动提出再爬一次。戴先生就会为他加油鼓劲,引领他不断冲击新的目标点。

不知不觉地几年过去了,儿子已经征服了不少百米的高峰。他的身体素质越来越好,攀岩的技巧也日益纯熟,成为一个地地道道的攀岩选手。更让人惊叹的是,除了攀岩以外,他在滑雪、骑自行车、溜冰、垂钓等户外运动上也都表现得非常出色。

不过,最让戴先生感到欣慰的还是儿子变得更加勇敢、更加有毅力了,无论是在攀登高峰时,还是在克服生活中遇到的困难时,他都不会有一丝一毫的畏惧。在戴先生看来,儿子已经成长为一个敢于不断挑战自我的"小小男子汉"。

户外运动除了让戴先生的孩子得到天赋的开发和启蒙外,还让孩子的综合素质也得到了全面的提升,可谓益处良多。父母们不妨也多抽出些时间,经常和孩子一起到户外做各种运动,像爬山、跑步这一类需要耐力和毅力的训练,都是比较适合孩子参

第六章
如何发掘孩子的体育运动天赋

与的。

不过需要注意的是,从事任何体育活动都要遵循孩子体能发展的规律。一般来说,儿童动作功能发展的顺序分为:姿势摆位(主要发展时期为0~2岁)、粗大动作(主要发展时期为2~4岁)、精细动作(主要发展时期为4~8岁)、技巧技能(主要发展时期为5岁以后)。

上述每一阶段的发展都在为下一阶段打基础,只有基础扎实,孩子的身体素质和运动天赋才能不断得到提升。所以,父母在安排户外体能训练的项目和训练量时要考虑孩子的身体发展情况,不要急于求成,而应该稳扎稳打,这样才能让孩子的体育天赋得到合理的发掘。

此外,父母带孩子进行户外活动时,必须要注意安全第一的原则。由于孩子运动起来往往不知深浅,容易出意外,所以父母进行每项活动时,都要认真检查户外环境,并为孩子设计正确的运动姿势及方法,要保证动作的安全性,避免错误的运动方式伤害孩子的身体。

比如,户外活动的场地是否安全,活动用具(球、跳绳等)是否存在质量问题,运动器械是否适合孩子使用,父母或老师应采取哪些保护措施等,都应当预先考虑清楚。而且在进行户外活动时,父母也要随时关注孩子的身体状况,如果发现孩子有大汗淋漓、面色苍白、呼吸急促等情况,就应提醒他们停止运动并适当休息,以免造成不良后果。

鼓励孩子多参加团体运动项目

在发掘孩子的运动天赋时，很多父母都会想到让孩子学游泳、跆拳道、跑步等，这些运动项目本质上都是个人运动，不是团体运动。为了促进孩子身心的健康发展，父母有必要鼓励他们多参加足球、排球、篮球等团体运动，这样不仅能够提升孩子的身体素质，培养孩子的运动天赋，还能锻炼他们的团队合作精神，提升他们的人际交往能力。

案 例

郝先生的儿子刚满 5 岁，生性顽皮好动，最喜欢参加户外运动。有一天，郝先生带着儿子在室外玩耍，经过广场的时候，儿子看到几个十几岁的男孩在打篮球，就一定要停下来观看。

没想到儿子对篮球运动产生了强烈的兴趣，眼睛一直盯着大哥哥的动作，小手也学着哥哥的样子，在空中拍来拍去。郝先生看到这幅情景，很受启发，觉得可以从这方面入手去发掘孩子的体育运动天赋。

回到家后,儿子不停地吵着要买篮球。郝先生故意用不信任的语气说:"你该不会又是'三分钟热度吧',那我可不能答应你!"

儿子急坏了,眼巴巴地看着爸爸,眼泪都快要流出来了,嘴里一个劲儿地哀求着:"爸爸,我保证会好好学篮球的。"

看儿子态度如此恳切,郝先生也心软了。他不但同意买篮球,还打算送儿子去儿童篮球班接受专业训练。儿子高兴得手舞足蹈,连声说:"谢谢爸爸!爸爸真好!"

儿子的表现果然没有让郝先生失望。每次去篮球班上课前,他都会自己收拾小书包,装上篮球、水杯,穿好球鞋,站在门口等郝先生一起出发。

到了篮球班,儿子会一本正经地听老师讲授动作要领,然后认真地做练习。因为动作做得标准,他还经常被老师叫到队伍最前面,给其他同学做示范。郝先生在一旁看着,心里乐开了花。

练习几个月后,孩子在篮球方面的天赋逐渐显现。老师经常夸他有"球感",还说他反应快、爆发力好,是一个天生的篮球运动员。老师还让他担任训练队的队长,让他带领其他同学一起进步。从那以后孩子学篮球的态度变得更加积极了,他不但努力提升自己的球技,还经常在球场上关心、帮助同学,给同学加油鼓劲,表现得像个小大人似的,让郝先生感到十分的欣慰。

从这个案例可以看出,让孩子参加团队体育运动确实有很多好处:孩子的体质会得到显著增强,身体的协调性、灵活性会大大提高,体育运动天赋也会逐渐显现;与此同时,孩子在与队友合作、竞技的过程中,还能逐渐培养出组织协调能力、沟通能力、领导能力、应变能力等多种能力。

因此,父母在发掘孩子的体育运动天赋时,千万不要忽略了团体运动的作用,对于3岁以上的、肌肉骨骼发育情况良好的孩子,父母可以鼓励他们积极参与团体运动项目。最初,孩子可能并不总是喜欢和其他小朋友一起运动,这时,父母应当与孩子多进行沟通,以便找出其中的原因,再有针对性地解决孩子的一些生理和心理上的问题。

比如,孩子的身体素质会比稍大一些的孩子差一点,所以一开始在团体运动时可能拼抢不过别人,或总是容易跌倒,这样会让他们觉得沮丧、紧张,就不愿意再参加团体运动了。对于孩子的这种问题,父母不要过于强硬地逼迫他们非得去参加运动,而是可以先给孩子一些锻炼和提高身体素质的时间,让他们做一些跑步、跳远、跳高之类的基础练习,待他们的身体基本技能比较健全,且能较好地适应周围环境的时候,再让他们加入团体运动。

此外,由于对抗是团体运动特别是比赛中少不了的内容,常常会有身体接触和碰撞,具有一定的危险性,所以在运动中父母要特别重视孩子的安全,最好能够在孩子运动前给他穿上护膝、护腕等,以减少孩子受伤的危险。

和孩子一起做简单、有趣的运动

在发掘孩子的运动天赋时,父母切勿忽略了自己应起到的作用。在孩子觉得单纯的运动训练枯燥无味的时候,父母如果能够和孩子一起做一些简单、有趣的运动,就能够提升他们的锻炼兴趣,使他们重新产生运动的热情。与此同时,孩子也可以把父母当成学习的榜样,和父母一起坚持锻炼,养成热爱运动的好习惯。

案例

梁女士是一个热爱运动的人,对游泳、打乒乓球、羽毛球等项目都比较擅长。受到她的影响,女儿欣欣对体育运动也有浓厚的兴趣。于是母女俩就成了一对"好搭档",经常结伴一起锻炼。

为了激发欣欣的运动热情,梁女士经常给她设计一些有趣的运动方式。在欣欣2岁的时候,为了让她多走、多跑,梁女士和她一起做了一个小风车,还告诉她,要想让风车转起来,就必须快速奔跑,而且跑得越快,风车转得就越快。欣欣非常喜欢小风车,和梁女士一起手拉着手快速跑起来,母女俩玩得满头大汗,却还是乐此不疲。

梁女士见这种方法有效,就经常制作新的运动玩具、设计新的运动方法,以鼓励欣欣每天坚持运动锻炼。在梁女士的带动下,欣欣的身体发育良好,体型匀称健美,不仅很少生病,而且综合智力也发展得较好。梁女士认为这都是运动带来的好处。

随着欣欣一天一天长大,梁女士带着她将运动场地从客厅扩展到了室外。在春秋两季气候宜人时,梁女士会带着欣欣在小区里散步,呼吸新鲜空气、接受"日光浴",和欣欣一起玩小区内的体育器械。夏天天气炎热,梁女士又会带欣欣一起去游泳馆游泳,还会去沙滩跑步。这些活动既满足了欣欣好动的天性,又增强了她的身体适应能力。到了冬季,天气比较寒冷,梁女士就经常带欣欣一起跑步、一起跳绳,有时一家人还会举行远足活动,这些锻炼不仅增强了欣欣抵御严寒的能力,还磨炼了她的意志。

欣欣5岁时,梁女士给她买了一辆粉红色的儿童脚踏车。欣欣喜欢极了,每天都吵着要出去骑车。梁女士只要一有空就会带她一起去公园,让她在温暖的阳光下尽情地骑车。欣欣在更加广阔的运动空间里享受到了充分的自由,也更加喜爱运动,还慢慢地表现出了体育运动天赋……让梁女士感到十分欣喜。

孩子体育运动天赋的顺利开发,很大程度上受到父母的影响。父母应当像案例中的梁女士一样,在家里积极创造适合运动的条件,并能够以身作则地培养孩子的运动习惯,让孩子成为体育爱好者。这样才能够让孩子逐渐展现出体育运动方面的天赋。

事实上,只要父母能够多花些心思,就可以在日常生活中找到很多适合孩子锻炼的好方法。比如,父母可以有意识地培养孩子进行爬楼梯练习,年纪小的孩子可以扶着栏杆,一阶一阶地慢慢攀爬;年纪大一些的孩子可以稍微加快一点速度,并可以适当多做几次练习,这样可以锻炼他们的腿部肌肉,还能够增强心肺功能,使他们的身体素质不断提升。

天气好的时候,父母还可以在清晨带孩子到室外做体操:父母在前面"领操",孩子学着伸手、踢腿、扭腰,可以很好地活动身体,也能够提升他们身体的平衡感和协调性。

父母还可以带着孩子一起晨跑,每天跑步半小时。这对孩子的身体发育和体育天赋的提高都很有好处。不过有些孩子可能不太喜欢这种单调的运动,对此,父母可以设计不同的跑步形式,如折返跑、曲折跑、侧身跑等;父母还可以和孩子一起比赛,把跑步变成富有挑战性和趣味性的活动,这样更能让孩子产生参与的兴趣。

需要提醒的是,父母带孩子一起运动时,一定要根据孩子的年龄和身体素质状况选择合适的运动量:运动量太小,身体锻炼的效果不大;运动量过大,孩子的身体健康又会受到不良影响。所以开始运动的时候,父母应当把运动量安排得小一些,等孩子逐渐适应之后,再一点一点地增加运动量。

第七章 如何发掘孩子的语言文学天赋

让孩子自然地复述听过的故事

为了发掘孩子的语言文学天赋，父母可以多引导孩子自然地复述听过的故事。最初，孩子组织语言的能力还很薄弱，词汇量也较少，往往会把故事复述得吞吞吐吐、词不达意，也很难将故事情节复述完整。这时父母不必过于心急，可以耐心地帮孩子理出故事的主要脉络，用通俗易懂的语言为他们解释清楚一些字词的意思，然后让他们再次复述故事，孩子的表现就会大有进步。

经常进行这样的训练，孩子的阅读能力、语言表达能力、记忆力都能得到显著提升，他们在语言、文学方面的天赋也会逐渐显现。

案 例

我儿子小时候，从他出生到2岁期间，只要不在睡觉状态，我就会给他用磁带机播放适合他听的儿歌。随着他长大，我开始为他读睡前故事。

记得有一次晚上，在我带他出去散步玩耍的路上，我无意识

第七章
如何发掘孩子的语言文学天赋

说出了给他听过的磁带里的第一首儿歌的名字,儿子就接着从第一首儿歌唱到了最后一首。这盘儿歌磁带里有16首儿歌,还不到2岁的儿子就可以按照顺序一首不落地都背着唱了出来。这让我和爱人很是惊讶。

这之后,我更加重视给孩子多听有意义的儿歌,也开始重视和孩子进行更多的亲子阅读。在阅读的过程中,我常用启发式的问题让孩子讲出故事里的一些情节或人物的对话等。通过这样的亲子阅读启蒙,让孩子不仅爱上了阅读,也拥有了很好的语言表达能力。

现在,他已经研究生毕业了,所学的专业是自己非常喜欢的新闻学。这样的选择与孩子早期听故事受到启蒙有很大的关系,正是这样的引导在孩子的心田种下了语言文学的种子,也就是那个时候激发了孩子这方面的天赋。

2~3岁是孩子语言天赋发展的关键期。在这个时期,孩子的语言能力常常会出现爆发式的发展,特别是那些在语言方面有天赋的孩子,会在表达能力、理解能力等方面表现出过人之处。父母如果注意启发和引导他们,就能让他们理解更多语言的意思,也能够认识并记住较多事物的名称,会让他们的"语感"得到很好的提升,像复述故事这样的事情也就难不住他们了。

对于这类在语言方面特别有天赋的孩子,父母要给他们创造尽可能多的学习语言的机会。比如,父母平时和孩子的日常沟通就是一个不错的学语言的途径,父母要尽量用标准的普通话和孩子沟通,同时还要注意语音、语法的清晰、正确,以及语言的简练、文明,这样才能让孩子受到好的影响。

另外,父母还可以给孩子安排一些语言训练。比如,可以鼓励他们多复述故事,或用自己的话来讲故事。当然,想要进行这样的训练,父母应当事先选择一些语言简练的、有部分重复内容的故事,故事的篇幅也不宜过长,这样才能降低孩子记忆、复述的难度。同时,这样的故事也比较能够引起孩子讲述的兴趣,从而可以帮助他们掌握内容,成功复述。

需要提醒的是,在孩子复述故事时,父母千万不要有急于求成的心态,不要因为孩子一时表现不佳就批评他们、打击他们,让他们失去了继续练习的勇气。父母应当给孩子多一些提高的机会,让孩子的语言天赋能够在父母的鼓励和指导中得到稳步发展。

在这里我还要为父母推荐一个多年来我一直推崇的好方法:借助工具让孩子大量听故事、儿歌或国学知识。在这个信息过量、时间被严重碎片化的时代,父母陪伴孩子亲子阅读的时间变得很有限。在这种情况下,在家庭或学校里如果应用听故事APP得当的话,就可以让更多的孩子受到语言文学的启蒙,从而可以拥有语言文学的天赋。

引导孩子用自己的语言编故事

父母可以先引导孩子复述故事，等他们的理解能力、表达能力提升到一定水平后，就可以鼓励他们用充满童趣的语言来编故事。比起单纯地听故事和复述故事，编故事的训练往往更能够激发孩子的热情。他们会发挥出自己的想象力和创造力，积极地创编故事情节。这时父母可以给他们一些合理的引导，帮助他们尽情释放自己的奇思妙想，强化语言能力，使他们的语言文学天赋得到更好的发掘。

案 例

张女士是一位主编，有两个可爱的女儿。张女士夫妇都很爱阅读。在女儿们很小的时候，张女士就经常给两个女儿讲各种各样的童话故事。女儿也很喜欢依偎在妈妈的怀里，静静地聆听。为了激发孩子听故事的兴趣，张女士经常会将故事里孩子喜欢的角色的名字换成女儿的名字，有时候还将童话故事里的人物用自己家里如爸爸、妈妈、姐姐、妹妹、爷爷、奶奶等的角色来客串到童话故事里，这让女儿常常陶醉在妈妈所讲的故事的情境里。

随着两个女儿慢慢地长大,张女士想要发掘她们的语言天赋,就经常鼓励女儿讲故事给自己或家人听。刚开始,女儿没有故事来源,就讲些妈妈给她讲过的故事,在复述的过程中,有些情节记得不太清楚,常常会出现"卡壳"的情况。张女士安慰女儿说:"没关系,你想到哪就讲到哪,不一定都得按照书上写得那样一板一眼地讲出来。"这句话让女儿有了灵感,下次再遇到想不起来的情节时,她就会发挥自己的想象力编一些新的情节。

张女士惊讶地发现两个女儿编故事时不仅语言通畅,还能加入一些刚刚学过的新词汇,而且情节也能和上下文相对应。没想到孩子的语言文学天赋会这么突出,这可真是让张女士喜出望外。

从此,张女士更是有意识地启发女儿自己编故事,让她们充分展开想象,想怎么编就怎么编。在张女士的引导下,孩子编的故事更加有声有色,充满了天真和童趣。有时候女儿编的故事听起来很离奇,但却能看出她丰富的想象力和与众不同的创造力。而且,孩子经常自编自讲故事,慢慢地也有了一种渴望表现的欲望。有时张女士实在没有时间听孩子讲故事,孩子就会自己开起了"故事会",幻想有很多听众正在听自己讲故事。有时她们还会找来一个木棒当话筒,声情并茂地讲个不停。张女士看见后,觉得很有趣,也觉得很开心。

现在,张女士的小女儿读小学5年级,大女儿已经读初中了,在语言文学方面两个孩子都表现出了超过大多数孩子的天赋。

第七章
如何发掘孩子的语言文学天赋

编故事不是一件简单的事情，它包含着探索、想象、创造、编构等复杂的过程。孩子如果能够像张女士的两个女儿这样，善于用自己的语言编故事，就不仅说明他们的思维非常敏捷，口语表达能力、语言组织能力都已经发展到了较高的水平，而且他们还富有较强的文学想象力。父母如果能够抓住时机合理地发掘和培养他们的语言文学天赋，就有很大可能把他们培养成为优秀的节目主持人、作家、编剧，等等。

为此，父母应当给孩子多创造一些锻炼和表现的机会，可以像张女士这样启发孩子用自己的语言编故事。但要做到让孩子触景生情、有感而发，不能刻意要求孩子胡编乱造故事。

所以，在孩子最开始练习编故事的时候，父母要多给他们提供一些可以采用的"素材"。比如，家庭里发生了一件不寻常的事，看电视的时候看到了一些有意义的内容，这些都可以成为孩子编故事的材料，父母此时就可以鼓励孩子根据这些材料编个故事并讲出来。而在孩子编故事、讲故事的时候，父母要用心倾听，不能随意打断他们，更不能用成人的眼光去评价孩子的用词和造句，以免影响孩子想象力的发展。

另外，父母平时也应该要注意从多方面拓展孩子的知识面。比如，可以带他们参加各种各样的户外活动，多参观青少年科技馆或各种主题的博物馆，以调动他们的多种感官，获得丰富的综合感知。这样他们所经历和认识的事物越多，编故事的素材就会越多，语言文学天赋的提升也会更加迅速。

鼓励孩子在朗读中培养"语感"

鼓励孩子朗读对于发掘他们的语言文学天赋有着莫大的好处。在大声朗读的时候,书本上无声的文字会转换为有声的语言,孩子在朗读时能够眼耳口并用,有助于集中注意力,提高阅读效率。

不仅如此,朗读还能扩充孩子的词汇量,激发他们的想象力,加深他们对阅读内容的理解。所以父母应当经常鼓励孩子大声朗读,这样孩子就可以在朗读中培养自己的"语感",从而能够逐渐领悟语句结构的神韵,达到自如运用语言文字的效果。

案 例

林女士是一位非常重视孩子天赋发掘的母亲。她从一本专业书籍上读到"2~4岁是孩子掌握语言的关键期",而她的儿子刚满3岁,正好处在这个关键期里。

林女士想通过阅读提升孩子对语言文学的兴趣,就专门去书店买回了很多故事书。林女士发现儿子最喜欢读的是儿童寓言,一个故事听上好几遍也不会厌烦。

第七章
如何发掘孩子的语言文学天赋

有一次，林女士和儿子一起阅读一篇寓言故事《谁的本领大》。故事讲的是，风和太阳都认为自己的本领最大，他们争吵不休，最后决定比赛看谁能让行人脱下外衣；结果风拼命地吹着，越吹行人就把衣服裹得越紧；而太阳却把阳光温暖地洒在那个人身上，过了一会儿，那个人觉得有点热，就十分自然地脱下了外衣；于是这场风和太阳的比赛就以太阳的胜利告终了。

讲完这个故事后，孩子有些意犹未尽。林女士就鼓励他对照拼音朗读一遍刚才讲的内容。孩子之前学过拼音，在朗读的时候没有遇到太大的困难。等他读完一遍后，林女士给他纠正了发音上的一些小问题，又提醒他朗读时最好能带上一些感情，把风的傲慢和太阳的自信都表现出来。

孩子有点不太明白，林女士启发他说："你看，太阳赢了这场比赛，肯定觉得自己很了不起，你想想他会怎么说话呢？"孩子在林女士的指导下又朗读了一遍，听上去感觉比第一遍好多了。

之后，林女士又提出和孩子分角色朗读，一个扮演风，一个扮演太阳。林女士声情并茂的朗读让孩子也受到了感染，他也学着妈妈的样子朗读，越读越流畅，越读越有情感。

林女士通过自己的悉心教导，让孩子喜欢上了大声朗读。孩子在大声朗读的过程中，也逐渐学会了加入自己丰富的感情，这样的训练有助于提高他的语言表达能力、阅读理解能力。

父母可以参考林女士的做法引导孩子大声朗读，以更好地发掘他们的语言文学天赋。不过父母应当认识到：孩子能够熟练地朗读文章，不可能是一个一蹴而就的过程。所以在最开始训练的时候，只要孩子能把单字念出声音，并了解单字的意义，就已经算是达到了目的。在这个过程中，父母需要细心地倾听孩子的发音，以便可以纠正他们在发音方面存在的问题，这一点是非常重要的。因为如果发音方面出现问题，就会影响孩子对字义的准确理解，也会影响他们对朗读内容的把握。而孩子只有顺利通过了"单字关"，能够念出单字并能理解字义，才能顺畅地朗读词组、句子、段落直至整篇文章。

在孩子朗读的时候，父母可以将孩子的声音录下来放给他听，这样可以让他注意到自己的发音、语调、语气等存在的问题。当孩子朗读大有进步的时候，父母也可以偶尔让他们朗读给家人、亲友、邻居听。在大家的赞美声中，孩子会获得一种被认可的感觉，以后朗读时也会更有积极性。

需要指出的是，年龄较小的孩子在刚开始朗读时，可能总是把握不好朗读的节奏、情感、意境等。父母可以在朗读实践中引导他们揣摩情感、领悟意境，以提升他们的语感。此外，父母可以给他们一些客观的评价和分析，不过这种评价必须是有效的点评，而不能是简单地、一概而论地说"好"或"不好"；否则不利于孩子朗读水平的提高，也容易挫伤孩子的积极性。所以父母在评价时要让孩子知道自己哪个地方读得好，哪个地方还需改进。比如，父母可以对孩子说"你一个地方也没读错，再有点儿感情就好了""你口齿很清楚,就是声音大点儿就更好了"。只有这样的具体、客观的点评才是对孩子真正有帮助的,也会让他的语言文学天赋得到稳步的提升。

在这里建议父母可以选择一个适合孩子听故事的APP来让孩子多听故事。长时间地坚持听故事会为孩子的语感和词汇的积累打下良好的基础,也能成为孩子语言文学天赋挖掘的一个很好的启蒙诱导。另外,为了让孩子重视讲故事或朗读故事,父母也可以在一些音频APP上面为孩子开通一个个人账号——从小留下孩子的声音成长记录,同时也是一个妈妈的爱心表现。

我的孩子小时候没有这些听故事的APP,也没有这些可以录下孩子讲故事声音的APP。但从孩子出生开始,像砖头块一样的磁带机和收音机就成了他成长过程中不可缺少的听故事的每日必备工具,这也成了孩子语言启蒙的最主要的方式之一。

和孩子一起读优美的童谣

父母不光可以让孩子朗读各种故事,还可以和孩子一起读童谣。童谣是为孩子编写的短诗,语言简单,内容也很浅显,而且有一定的格律和韵脚,富有节奏感,很适合孩子大声念诵。这对发掘他们的语言文学天赋也是有帮助的。

父母不妨精选一些优美的童谣,带着孩子一起朗读。在读童谣的过程中,孩子既能得到快乐,也能学到知识,他们的语言表达能力、阅读理解能力也会迅速提高。而且童谣中蕴含的美好情感也能对孩子产生积极的影响,对孩子开朗乐观的人格塑造、高尚的思想品德培养、良好行为习惯养成等都能起到潜移默化的作用。

案 例

温女士有一个漂亮可爱的女儿,在发掘女儿天赋的时候,温女士很重视童谣的作用。从女儿很小的时候起,温女士就一边抱着她一边哼唱童谣。女儿睁着大大的眼睛,听得十分入迷。

第七章
如何发掘孩子的语言文学天赋

女儿渐渐长大后,温女士为她买回了很多童谣书,有空的时候就带着她一起学童谣、读童谣。童谣里那些充满童趣的歌词让女儿很有兴趣,常常会不知疲倦地读很多遍,而且童谣中传递出的美好情感也滋润了女儿的心灵,让她变得越来越懂事。

有一次,温女士和女儿一起读《我的好妈妈》童谣,里面有"我的好妈妈,下班回到家,劳动了一天多么辛苦呀,妈妈妈妈快坐下,妈妈妈妈快坐下,请喝一杯茶!让我亲亲你吧,让我亲亲你吧,我的好妈妈……"等动人的语句。女儿听了几遍以后,就会用稚嫩的童音跟着念、跟着唱,还表演给妈妈听。温女士当时只觉得女儿非常聪明,童谣学得快、学得好,却没有想到女儿还受到了童谣的感染,渐渐懂得了要体谅爸爸妈妈的辛苦。

一天晚上,温女士下班回家,觉得有点累,就坐在沙发上想休息一会儿。没想到女儿居然端来了一杯茶,递到温女士的手中,还在她面颊上亲吻了一下说:"妈妈,您辛苦了,请喝一杯茶吧。"这一刻,温女士感动极了,几乎要流下眼泪。

从那以后,温女士更重视为女儿读童谣了。坚持为女儿读童谣不仅提升了女儿的语言文学天赋,让她的口语表达能力不断提升、词汇不断丰富,还让女儿学会了关心、爱护家人,并养成了一些良好的生活习惯。有一次,女儿读童谣《布娃娃》:"布娃娃,不听话,喂她吃东西,不肯张嘴巴。"读到这里,女儿就联想到了自己吃饭的情景,发现自己有时候吃饭也不听话,让爸爸妈妈很是头疼。于是女儿不好意思地对温女士说:"妈妈,我要好好吃饭,再也不做不听话的坏娃娃了。"温女士高兴地抱起她来亲了一口,夸她聪明又懂事,是个听话的好娃娃……

温女士的女儿爱上了童谣,童谣给她带来的好处也是显而易见的。父母不妨多让孩子读些童谣,并适当采用一些丰富、活泼的手段,让孩子充分享受读童谣的乐趣。

比如,在孩子读童谣的时候,父母可以让他们看一些直观的图片、实物,这能使抽象的童谣变得更加形象化、生动化,也便于他们理解和记忆。一位妈妈想教孩子念描写钟表的童谣"嘀嗒,嘀嗒,铛铛铛,没嘴会说话,没腿能跑步,它能告诉我们,什么时候起,什么时候睡",就先让孩子仔细观察家里的钟表,之后他念童谣时就能够更好地理解童谣里所说的钟表的特点了。

如果童谣中讲的是家里没有的实物或一些自然现象,父母可以用图画来帮助孩子理解。比如,在孩子读一首描写太阳的童谣"可爱的太阳,高高挂在天上,放出万丈光芒,照得到处都光亮"时,父母就可以利用图片或是简笔画,边画边让孩子理解。这样不仅有助于孩子理解童谣中讲述的内容,还能帮助他们加深印象、强化记忆,更可激发他们学习语言文学的积极性,这对于发掘他们的语言文学天赋是很有帮助的。

还有一种读童谣的好办法是加入动作表演,这样能调动孩子的多种感官,能够锻炼他们的听力、语言表达能力、思维能力,还能提升他们的肢体协调性。在阅读时,父母可以先示范,边读边做动作，然后让孩子试试做同样的动作或让孩子自己编动作，这样更能充分调动孩子的学习积极性。

另外，由于童谣有鲜明的音乐性和节奏感，读起来朗朗上口，非常好听，最适合用来提高孩子的语言表达能力。所以父母在指导孩子阅读童谣的时候也可以配上节奏，如可以敲打着小手鼓，让孩子感受童谣的韵律美。如果家中没有手鼓、小铃铛等打击乐器，也可以用小棒敲击空瓶、空罐等来代替，不过要注意不能胡乱敲打，而应让敲打的节奏跟随童谣字数长短的变化而变化。

引导孩子多朗读古诗

除了引导孩子多读童谣以外,父母还可以鼓励孩子多读古诗。有的父母认为孩子理解不了古诗,只是在鹦鹉学舌地记住一些音节,所以在孩子小的时候不应当教他们读古诗,这样的想法其实有失偏颇。

诗歌这种艺术形式首先需要孩子去感知,它不仅能够充实孩子的心灵,丰富他们的情感,还会使他们的想象天地更加开阔。因此诗歌应当成为发掘孩子语言文学天赋的重要内容。古诗天然的平仄押韵和韵律感非常适合朗诵,所以父母一定要鼓励孩子多读古诗,并且要让孩子把诗句用抑扬顿挫的感觉朗诵出来。这可以让他们在古诗精练的语言、优美的词汇中感受艺术的美,从而能够为他们语言文学能力的提高创造条件,也能为他们今后学习文学作品、从事文学创作打下良好的基础。

袁女士在女儿很小的时候就开始给她读古诗,像骆宾王的

第七章
如何发掘孩子的语言文学天赋

《咏鹅》、李白的《静夜思》、李绅的《悯农》等都是袁女士最爱读的诗。女儿懵懵懂懂地听着，虽然不明白妈妈在念什么，但却觉得这些句子很好听，有时候还会跟着袁女士念诗的节奏摇头晃脑，逗得袁女士哈哈大笑。

到女儿四五岁时，袁女士开始正式教她学古诗。她所用的读本是一套配有插图的《幼儿读古诗》，大约有一百多首古诗。这些古诗都比较短，一般都是绝句（只有四句）。学习的时候，袁女士和女儿一起大声朗读或唱读，读过几遍之后，女儿就能记住。同时，袁女士还会鼓励她试着背诵古诗。

在这个过程中，袁女士并没有做特别的计划，而是比较随意地根据女儿的兴趣来安排阅读量。没想到因为持续不断地朗读古诗，产生了意想不到的效果——到女儿6岁时，书上的这一百多首诗她基本上都能背诵了。

有了前面的积累，袁女士开始有意识引导女儿对一些优美的诗句反复品味，比如读到"青枫江上秋帆远，白帝城边古木疏"时，袁女士就告诉女儿要关注诗句的"对仗"工整，体会每个用字的精妙之处；看到"黄沙百战穿金甲，不破楼兰终不还"时，袁女士又让孩子想象将士满怀豪情的样子、艰苦战斗的壮烈场面。尽管古诗中的很多场景和感情女儿还不能充分理解，但是袁女士相信"书读百遍，其义自见"的道理，何况以女儿目前的年纪来说，能把读诗当成是一种享受就已经非常难得了。

很多父母常常会有这样的想法：古典诗词晦涩难懂，可能不适合孩子阅读。但袁女士对女儿的教育方法却提醒了我们，孩子也可以学古诗词、念古诗词。因为感悟美的能力是不分年龄的，孩子们大声朗读古诗词，会觉得古诗词像儿歌一样朗朗上口，他们能够体会到文字的韵律感所带来的快乐。在抑扬顿挫的朗读之中，他们也能逐渐领悟到诗词中某些无法（无须）言说的神韵，然后再一遍一遍地背诵，将语言文学带来的愉悦感和美感融入自己的心灵深处。此时父母再稍作解释，要言不烦地点拨一下，他们自然就会"懂"了。即使暂时不懂，他们也已经把这些美好的诗词牢记在心里。随着年龄的增长，等他们有了一定的阅历后，就会出现"不解自通"的情况。所以父母完全没有必要拘泥于孩子是否能够理解古诗词的意境和思想价值，只要注意鼓励他们坚持去朗读就可以了。

父母在引导孩子朗读诗词时，为了取得最佳效果，应当要注意尽量选择古典诗词。在中国古典诗词中，唐诗是诗的高峰，宋词则是词的高峰，这两样就是给孩子的首选。另外，父母可以特意选取一些韵律感好、容易上口，或是用词精妙、富有美感的古诗词作为孩子的入门朗读内容，从而使孩子能够从一开始就喜欢上这些优美的古诗词。这对于他们语言文学天赋的提高是很有帮助的。

此外，在孩子读古诗词的时候，父母还需要做一些必要的指点，以便让孩子能够读出古诗词的节奏感、韵律感。一开始，孩子可能把握不好语气、节奏等细节，所以父母要先进行示范——可以由父母自己先读一句，再让孩子跟着读一句，等到孩子诵念纯熟之后，再让孩子自己朗读。

需要提醒的是：父母在做示范的时候，一定要控制好发音，要把每一个字的读音都发得清清楚楚，即使不能保证字正腔圆，至少也应该准确无误，这样才不会误导孩子；同时，父母也要注意倾听孩子朗读时的发音，等他们读完一句后，就要及时地指出需要纠正的发音。

随着孩子一点点长大，父母还可以教他们理解诗词、背诵诗词。这里所说的"理解诗词"，不是要让父母把每一句诗词都翻译成大白话，再对孩子进行过度的解释，因为这样做反而会破坏诗词原本的意境美和文字美，而且会让孩子的想象力受到不必要的束缚。所以父母应当注意"适当"给孩子讲解诗词的意思，也就是说可以先把一些比较难懂的词语简单解释一下，再让孩子大概地明白诗词讲的是什么意思就足够了。

在理解的基础上，父母就可以引导孩子背诵古诗了，以便让他们能够把美好的诗句留在记忆中，并内化为自己的精神财富。这一点对于孩子来说可能并不困难，像《咏鹅》这类充满童趣、简短押韵的古诗，很多孩子在听父母朗读几遍再带读几遍之后，就可以很容易地将诗句背诵下来。而父母要注意的就是不要"刻意为之"，不能为了背诵而背诵，也不要拿出惩罚和奖励的措施来要求孩子非得把诗句记住。要知道，一旦孩子产生了抵触情绪，阅读活动就不好继续开展了，那么孩子语言文学天赋的发掘也会受到不好的影响，所以父母一定要注意避免这种问题。

选择最佳时机开始识字训练

识字是发掘孩子语言天赋的一种基础性训练,孩子识字越多,对于文字理解的困难就越少,就越有利于他们的阅读和语言表达能力的提高。一般3~8岁是孩子识字的黄金阶段,对于那些在语言文学方面特别早慧的孩子,父母还可以把识字训练的时间略微提前一些,以满足孩子对语言文学的兴趣,同时也能为培养和提升孩子的语言文学天赋打下坚实的基础。

案 例

成女士的儿子刚满3岁,就学会了1000多个汉字。这让很多父母都羡慕不已。教儿子识字,成女士的原则是"玩中学,学中玩",做到"教者有心,学者无意"。

在儿子1岁半的时候,成女士每天都会给他讲儿童绘本上的故事,儿子听得十分认真,每次都要让程女士把绘本上的故事挨个读一遍才会觉得满意。

儿子快2岁的时候,已经能够拿起经常读的几本绘本,用小手指着上面的句子一点儿一点儿地读出来。爷爷奶奶看到了,都夸他"真聪明,能认这么多字"。可程女士却知道他其实只是记住了故事情节,要是把同样的字换个位置,他可能就认不出来了。

为了提升儿子对文字的敏感,程女士买来了中文点读笔,让儿子自己拿着当玩具玩耍。儿子玩得很开心,不停地用点读笔去点绘本上的字,再跟着发出相应的读音。慢慢地他竟然记住了一些简单的字,像"人""口""山"这样的字都难不住他了。

后来儿子对认字的兴趣越来越浓厚,成女士就给他买了一套"趣味学汉字"软件,里面有很多有趣的小游戏,可以让孩子在快乐玩耍的同时学会不少汉字。经过一段时间的学习后,儿子又学会了从"一"到"十"的十个汉字,还知道自己的名字是怎么写的。

就这样,儿子认识的字越来越多,对汉字的好奇心也越来越强烈,成女士就会在生活中寻找机会,让他接触、学习一些常用字。有一段时间,孩子对辨别颜色很感兴趣,成女士就带着他寻找各种颜色的物品,然后教会了他"红、绿、白、黑、黄、蓝"这几个生字。按照这种方法,一段时间以后,孩子已经能够准确地认出一些店铺的招牌和广告牌上的汉字了……

很多父母在对孩子进行识字训练时,都会有无从下手的感觉,成女士的经验或许能够给大家一些启发。汉字其实是以图形为基础的,所以教孩子认识汉字就可以从图形的认知入手,根据汉字的造字原理,利用汉字的结构,凭借故事的情境,使抽象的汉字符号变得形象化。这样孩子就会觉得汉字易学、易懂、易掌握,他们学习的积极性就会变得更高。

另外,在教孩子识字的时候,父母不要过于依赖现有的识字卡片,而是可以用一些创新性的方式吸引孩子的注意,同时也能够提升他们识字的乐趣。比如,父母可以把孩子已经学过的识字卡片横放、倒放,让孩子辨认,或者把卡片对着灯让孩子看背面来认字(注意纸张要薄一些,孩子才能看清)。进行这样的练习时,如果孩子认出了汉字,父母一定要给予表扬;如果孩子一时辨认不出,父母也不要急躁,应尽量用生动有趣的话语来提示,比如"这个字躺下睡觉了,是什么字啊?""头朝下翻跟头的这个字是什么呀?""这个字趴下了,你记得它是什么字吗?"这样能够唤醒孩子的记忆,也能引发孩子识字的兴趣。

父母也可以将孩子学过的识字卡片并排摆好,给孩子几秒钟的时间强化一下记忆,再把卡片翻过来,让孩子随便说出其中的两个字及它们的位置。等孩子掌握玩法后,可以逐渐增加字的个数,并减少孩子观察的时间,这样会更有挑战性,会让他们乐于继续学习。

父母还可以和孩子一起把识字卡片当扑克牌玩,玩的时候父母出一张孩子出一张,"出牌"的时候要各自说一下卡片上是什么字,表示什么意思,谁说错了就刮一下鼻子以示惩罚。有时,为了鼓励孩子的积极性,父母不妨故意说错几次,让孩子品尝一下

第七章
如何发掘孩子的语言文学天赋

胜利的快乐滋味,他们就会玩得更加投入了。

总之,父母要多想一些有趣的办法,让孩子觉得识字是一件好玩的事情,这样他们才不会产生排斥,也才会有更多的主动学习的积极性,而这对于发掘他们的语言文学天赋会产生很多积极的意义。

循序渐进地增加孩子的词汇量

在孩子掌握了大量汉字的基础上，父母还可以进一步帮助他们增加词汇量。词汇是组成语言的基本单位，也是孩子语言文学天赋发掘和培养的基础。离开了大量的丰富的词汇，想要单纯期望孩子的语言文学能力飞速提高，显然是不现实的。

所以，父母应当多引导孩子掌握更多的词汇，这样他们才能在说和写的时候更好地组织语言，今后他们在语言表达、阅读理解和写作中也才会有上佳的表现。

案 例

方女士很注重儿子词汇量的提高。每当她看到孩子在阅读中对一些事物产生了兴趣和好奇心，就会适时地教给孩子这个词汇。

有一次，方女士和孩子一起阅读一本童书《海豹到哪里去了》，发现孩子对辨别颜色很感兴趣。方女士就一边和孩子辨认颜色，一边教会了他"蔚蓝色""黑乎乎"等几个新词汇。但书上只有以蔚蓝色的大海为背景的插图，却没有黑乎乎的画面，方女士就一边讲述一边用黑纸把画面上的大海盖起来。这样孩子立刻就明白了海豹原来生活在"蔚蓝色"的大海边,可大海受到污染变得"黑乎乎"的,让海豹都生病了。于是孩子很快就掌握了两个新词汇,而且记得很牢固。几天后方女士再问他,他也能够非常清楚地说出来。

在阅读看图讲述童话故事的一本书《动物食品店》时,孩子对小动物各种各样的动作很感兴趣,想知道大熊是怎么"紧抱"着西瓜,小猴是怎么"头顶"着桃子,小兔子又是怎么"手拿"着萝卜等,方女士就引导孩子一边看图,一边学相应的动作。等孩子记住了这些新词汇后,方女士又设计了一个小游戏和孩子一起玩:方女士说出一个动作词语,孩子要马上做出这个动作。因为这个游戏很有意思,孩子一口气玩了十几次,对于词汇的记忆也更加印象深刻了。

6岁以前正是孩子词汇量提高的黄金时期,父母要抓住这个有利时机,对孩子进行增加词汇量的训练,同时也能为孩子语言文学天赋的发掘和提高打下坚实的基础。

父母在对孩子进行词汇学习训练时,可以吸取方女士的经验,一方面要把握好教新词汇的时机,并对词义进行适当扩展;另一方面则要设计好教新词汇的方法,要尽量采用多种方法,从多个角度丰富词汇,以使孩子对词义的理解更加准确、清晰。

比如,父母可以在平时做亲子阅读时多给孩子朗读一些优美的故事或儿歌,以培养孩子对文字和词汇的感觉,丰富他们的词汇量。在孩子理解故事情节的同时,父母再适时引导一下,孩子就能自然而然地领会词汇的含义和用法了。

对于已经读小学的孩子,父母还可以教给他查字典的方法。孩子平时如果遇到了不认识的词汇,父母可以先不解释给他听,而是要鼓励他去查字典。在查字典的过程中,孩子不但能够认识自己要查的词汇,还能顺便学习一些意思相近的词汇,也能了解一些生字,这对孩子识字水平的提高和词汇量的扩充都会有很大的帮助。

需要提醒的是,孩子学习词汇的目的是为了理解词汇并能够自如地运用,所以父母一定不能认为孩子只要认得新词汇或能念出来就算达到要求,其实这是远远不够的。如果不给孩子演练新词汇的机会,孩子就无法真正地掌握、巩固这些词汇。因此,无论是阅读时还是在生活中,只要孩子学习了新词汇,父母就要给他们提供练习和表达的机会。比如,孩子学会了小蝌蚪"游来游去"这个词,父母就可以让孩子用"……来……去"这种构词方式试着组词。如果孩子一时想不出来,父母可以用"小蚂蚁爬来爬去""爸爸走来走去"等例子来启发他们;然后父母再提示:"小蝴蝶是怎样的?小狗是怎样的?"孩子就会开动脑筋,补充说"小蝴蝶飞来飞去""小狗跑来跑去"。如此一来,孩子不仅掌握了新词汇的用法,还启迪了思维,锻炼了"语感",对他们语言文学天赋的发掘会非常有益。

让孩子多读经典名著

随着孩子词汇量的丰富和理解力的提升,父母可以引导他们多读经典名著。名著是人类宝贵的精神财富,其中蕴含着丰富的文化和艺术精髓,对孩子来说,无疑是一种有益的精神养料。尽管孩子暂时无法吃透经典名著的思想内涵,但是与名著的"邂逅",还是会帮助他们拓宽知识视野、提高文学素养、陶冶道德情操,同时也有助于提升他们的语言文学天赋。那些历经岁月淘洗却依旧不减魅力的名著,将会在孩子幼小的心灵深处留下永久的芬芳。

案 例

方女士想让5岁的女儿接触一些经典名著,但又害怕那些深奥的文学作品会让孩子望而生畏。于是方女士精心挑选了一些适合幼儿阅读的名著绘本,自己一边用浅显的语言讲解,一边让孩子看图理解。

就这样,从《三国演义》到《水浒传》,从《红楼梦》到

《西游记》,孩子在不知不觉中读完了四大名著。虽然她并不理解其深刻的思想内涵,却记住了不少有趣的故事,像刘姥姥逛大观园、孙悟空三打白骨精、刘关张桃园结义等都是她喜欢的故事,曾经让妈妈讲过很多遍。女儿记熟了这些故事后,还经常和妈妈一起扮演故事中的角色,玩得非常高兴。

另外,书中那些成语、俗语、歇后语也给女儿留下了深刻的印象。有时候方女士会听到从她嘴里忽然冒出一句"碰了一鼻子灰""扑了个空"等俗语,就问她是什么意思,她都能用简单的话语解释清楚。

方女士非常高兴,又给她买回了带拼音的外国名著《绿野仙踪》《骑鹅旅行记》《木偶奇遇记》,等等。女儿拿到印刷精美的新书开心极了,不需要妈妈帮忙,自己就对着拼音大声地读了起来。读完一页,有不理解的地方她才会去问妈妈,就这样一页一页地读完了好几本名著。方女士问她有什么体会,她指着《绿野仙踪》的封面说道:"我要像多萝茜一样,关心每一个好朋友,我们要团结、要勇敢,才能打败大坏蛋女巫……"从她的话语中,方女士发现她的词汇量增加了,语言组织能力也大有进步,说起感想来头头是道,十分流畅。这不禁让方女士觉得十分惊喜。

方女士的经验向我们表明:年幼的孩子也可以读名著,而且他们也会感受到名著的魅力,并会爱上名著。尽管很多年轻的父母可能会觉得一些经典名著有些落伍,但实际上,经典名著的文学价值、思想内涵丝毫不比当下的流行读物差。因此，父母应当鼓励、帮助孩子多读名著，这是在给孩子积累一生的精神财富。

不过，经典名著有很多，版本也很庞杂，父母首先应该为孩子选择最适合的名著阅读。比如，同为文学名著，《伊索寓言》因为有很多篇都呈现出带有悲观色彩的结局，阅读时难免会让孩子产生心理负担，对孩子的成长有不利之处，所以最好不要让年幼的孩子阅读；像安徒生童话《丑小鸭》的故事生动有趣，结局充满光明和喜悦，会让孩子在阅读时体会到快乐和幸福感，因此这类故事就可以成为孩子阅读的首选。

其次，父母也要选择适合孩子接受能力的名著版本。由于孩子理解能力还比较有限，所以父母千万不要直接拿晦涩难懂的原著让孩子阅读，而应考虑到孩子的接受能力，选择改写得比较好的绘本、拼音本、缩写本等。只要孩子对"武松打虎""倒拔垂杨柳""三顾茅庐""草船借箭"等名著里的故事能够知其意思，学到了一些成语、歇后语、俗语、典故等，并能运用自如，使他们的语言文学天赋得到发掘和提升，读经典名著的目的就算基本实现了。

再次，父母还要注意选择适合孩子性格的经典名著。比如，孩子性格活泼外向，喜欢探索未知事物，就可以让他读《鲁滨逊漂流记》之类的名著；孩子性格文静细腻，则可以为他们选择《红楼梦》之类的名著。然后父母可以跟他一起分析每个人物的性格。总之，父母一定要选对书，否则就很难让孩子对名著产生兴趣。

　　此外，父母还应当在家中创造读名著的氛围。有不少父母总是劝孩子要多读名著，而自己却在孩子面前经常看一些内容低俗的武侠小说、言情小说等，给孩子造成了不好的影响。想让孩子爱上名著，父母首先要以身作则，自己先多读名著，熟悉名著的内容和认识其思想价值，这样才能起到示范作用，也便于在孩子阅读时给他们一些有益的指导，这对于发掘他们的语言文学天赋是很有帮助的。

引导孩子定期做读书笔记

在孩子开始阅读名著和其他文学作品之后,父母就可以鼓励他们做读书笔记了。对于孩子来说,做读书笔记也是发掘和提升他们的语言文学天赋的好方法。

在做笔记的时候,孩子需要深入理解所阅读的内容,还要对读到的细节问题进行整理;之后他们更是要调用自己已经掌握的单字、词汇、句型来写出心得体会。这无疑能够丰富他们的词汇量,提高他们的语言表达能力、阅读理解能力和书写能力,他们在动手写作时表现出的创作才华也常常会让父母感到十分惊喜。

案 例

丁女士从女儿2岁半时,就很注意发掘她的语言文学天赋了。最初,丁女士和女儿一起读童谣、念故事。到女儿3岁时,她鼓励女儿看一些最简单的童话绘本,像《猴子捞月亮》就是女儿最喜欢的童书之一。

等女儿识字之后,丁女士又开始引导她阅读一些故事情节更丰富的童书。如此长期积累下来，女儿的语言表达能力、阅读理解能力都提升得很快，超过了很多同龄小朋友。女儿5岁的时候，丁女士给她购买了一套儿童版名著《红楼梦》，书中配有很多充满童趣和美感的插画，而且语言也进行了改写，变得更加平易近人，就像是在给孩子讲故事一样娓娓道来。女儿一边津津有味地读着，一边还发出感叹声："啊？怎么会这样！"

丁女士好奇地走过来，看到女儿正在读《贾雨村断案》这个故事，女儿生气地说："这个贾雨村真坏，看门人也很讨厌。这样断案子，还有王法吗？"丁女士听得忍俊不禁，但也没有忘记夸奖女儿："你讲得真好。这是你对这件事情的看法，我觉得你可以把这个看法写下来，这就叫读书笔记。"女儿觉得这个主意不错，丁女士就拿出早已准备好的笔记本，递给她，让她马上动手。女儿说写就写，不一会儿工夫就写了一篇近百字的读书笔记。丁女士接过来一看，发现女儿写得还不错，虽然语句比较简单，有些地方还用绘画符号代替了不会写的文字，但已经有一些读书笔记的样子了。

后来，女儿又读了《黛玉葬花》《晴雯补裘》等小故事。她很喜欢故事中的一些优美的语句，而且自己还产生了一些独到的见解，于是就把它们都写在了读书笔记中。有一天，女儿主动对丁女士说："妈妈，我今天又写了一篇读书笔记，给您和爸爸读读好吗？""好呀！"丁女士和丈夫开心地回答。接着女儿奶声奶气地读道："我最喜欢读《红楼梦》了，里面的故事很有意思。我喜欢的

第七章
如何发掘孩子的语言文学天赋

人物是林黛玉，她长得十分美丽，还会写诗，很了不起！我长大了也要像林黛玉一样，做一个美丽的才女。"听到这里，丁女士和丈夫都被她逗得哈哈大笑起来。

丁女士启发孩子养成了做读书笔记的习惯，让孩子对阅读和写作的兴趣更加浓厚了，而且她在做笔记的过程中还养成了善于思考的习惯，逐渐展现出了与众不同的语言文学天赋。

在这里要指出的是，丁女士的女儿所做的读书笔记属于心得一类。除此以外，读书笔记还有摘录式、评注式等类型。父母可以根据孩子的兴趣所在，为他们挑选最喜欢的笔记类型，养成定期做笔记的好习惯。

在孩子刚开始练习时，可以让他们先做摘录式的读书笔记。这种读书笔记非常简单，就是让孩子把自己读到的一些好句子和段落摘下来，抄在笔记本或卡片上。至于摘抄的内容则根据孩子自己的需要来定，或选择描写风景的优美语句，或选择朗朗上口的诗歌佳句，或选择英雄人物的豪言壮语，等等。只要孩子喜欢，父母就可以鼓励他们尽量摘抄。在摘抄的过程中，孩子能够积累起丰富的词汇，还能学到一些比较基础的写作手法，这对于发掘和提升语言文学天赋很有帮助。

等到孩子做笔记越来越熟练时，父母就可以引导他们做评注式的读书笔记。这种读书笔记较摘录式笔记要复杂一些，不仅包括对原文的摘录，还要简单注明自己对这些语句、段落的看法和评价。为了方便，父母可以让孩子直接在书页空白处打上符号，加上批注；也可以用纲要的形式把一本书或一篇文章的主要内容大致地叙述出来。

此外，父母还可以像丁女士一样，引导孩子做心得式的读书笔记。这种读书笔记也叫读后感，是读书或读文章后写出的自己的认识、感想、体会和启发。对于孩子来说，写读后感无须遵循框架的限制，只要表达出自己的真情实感就可以了。为了让孩子能够有所"感"，父母可以先启发他们抓住文章的中心内容，再针对文中自己感受最深的一个情节、一个人物或一句闪光的话来写笔记，这样孩子就能够写出自己的真情实感了。

第八章 如何发掘孩子的数学天赋

引导孩子形成基本的"数感"

很多父母会觉得孩子要到 5 岁之后才会对数字有意识,可科学家通过研究早已证实,那些有极好的数学天赋的孩子在刚出生 3 个月时可能就已经有了对数字概念的认知。有时,他们会通过一些特殊的举动和反应来显示自己对数字的最初的感知。

对此,父母需要有充分的认识,要注意观察孩子在这方面的表现,并要抓紧时间对他们进行数学天赋的发掘和培养,以免错过了孩子数学天赋高速发展的黄金阶段。

案 例

李女士的儿子鹏鹏刚满 3 个月的时候,就表现出了与众不同的数学感知力。

一天,鹏鹏一直哭个不停。李女士把他抱在怀里哄了又哄,就是不能让他停止哭泣。情急之下,李女士找了一块画板,用黑色的水彩笔随便在画板上画了两个黑点,把画板摆到鹏鹏面前。没想到鹏鹏看见后马上停止了哭泣,用小手在画板上比画起来,

第八章
如何发掘孩子的数学天赋

嘴里还"咿咿呀呀"地念叨着什么。

李女士对鹏鹏的反应很好奇,就在画板上又画了一个黑点。鹏鹏看着新增添的黑点,竟然"咯咯"地笑了起来,边笑还边在摇篮里手舞足蹈地比画着,又伸出双手想去触碰画板上的3个黑点似的。

李女士觉得十分有趣,把这件事讲给了几个同事听。一位同事惊讶地说:"你们家的鹏鹏是对数字产生兴趣了。他这么小,就这么聪明,还知道两个点和3个点是不一样的,这可真了不起。"

从那以后,李女士在选择玩具、绘本故事或和孩子做游戏时,都非常注意对鹏鹏进行数字方面的启蒙,使得鹏鹏对数字更加敏感了。2岁的时候,他就已经能够准确地记住家里的电话号码、门牌号,还会做一些简单的数学计算。有一次,李女士和鹏鹏一起打车回家,到家时李女士给了司机20元钱,而车费是16元钱,鹏鹏想了想就大声喊:"叔叔,你要找4块钱给我们。"当时司机惊讶极了,连声夸奖鹏鹏是个"数学小神童",李女士心里清楚在这方面自己的有意识引导已经显现出了效果。

孩子在几个月的时候,就会像鹏鹏这样知道两个点和三个点是不同的,这说明他们对"数量"是非常敏感的,也可以称之为有"数感"。他们会对带有"数量"的图画表现出强烈的好奇心,有时候还会做出一些很特别的动作,好像要去探索一番似的。

对于这种特别有数学天赋的孩子,父母可以在生活中多向他们"灌输"一些数字的概念,以提升他们对数学的敏感度。比如,父母可以将1~10这10个数字用自己熟悉的曲调唱给孩子听,并且一边唱可以一边拍手或摇动小摇铃,以吸引孩子的注意力,培养孩子最初的数感。如果父母手头有一些数字图片、实物等,还可以一边唱一边演示给孩子看,让孩子能够更直观地感受到歌谣中的数字所对应的内容。

另外,父母还可以用实物让孩子试着感知一些物体的属性。比如父母可以准备一个苹果、一根香蕉、一个梨等水果,然后分别拿起来在孩子眼前晃动,同时告诉他:"这是一个苹果,它圆圆的,红红的。"或"这是一根香蕉,它长长的,黄黄的。"等孩子熟悉之后,父母再让他们自己去摸一摸、抓一抓,这样既能满足他们旺盛的好奇心,又能提升他们对数量和物体属性的敏感度。

在孩子已经形成了基本的数感之后,父母就可以进行更高层次的数学天赋开发工作了。

从认识图形开始打开学数学的通道

在培养孩子的数感的同时,父母还可以启发他们认识各种各样的图形。10~12个月的孩子已经具备了一定的图形分辨能力,这时候父母可以准备一些几何形状、动物形状的玩具,教他们辨认,这会使他们的认知能力得到迅速发展。

2~3岁时,孩子对图形的认识会更加深入,数学思维能力也有了一定的发展,父母就可以设计更多地认识图形的方法,这能够为发掘和提升他们的数学天赋创造必要的条件。

这个阶段的孩子对积木玩具会有特殊的兴趣,父母可以在陪伴孩子搭建积木玩具的过程中,更多引导孩子进行数量概念的建立。

案 例

吴先生的女儿快1岁了,为了培养她的数学认知能力和思维能力,吴先生决定教她认识几何基本图形。

为了增加女儿学习的乐趣,吴先生特地找来了一些泡沫塑料,为女儿刻制了一些几何图形，还在图形上贴上"三角形""正方形""多边形""椭圆形"等字样。吴先生把这些图形当成积木和女儿一起摆着玩，还指导她用三角形做屋顶，用长方形作房架，搭了一座有趣的小房子。

女儿玩得非常开心，她能够看出图形与图形之间是不同的，但还不能准确地认出它们。吴先生并不灰心，仍然坚持用这些自制"积木"教女儿认识图形。到女儿1岁半的时候，她已经对图形有了更加清楚、准确的认识。要是吴先生对女儿说："给爸爸找一个三角形来，好吗？"女儿就会在"积木"中翻找起来，不一会儿就找到了"三角形"。

吴先生还会让女儿用手指指出各种图形，接着用脚再指出一遍。比如吴先生说："梯形在哪里啊？"女儿就先用细细的手指指着"梯形"，再用嫩呼呼的小脚丫踩上去。最后吴先生又变换了方法，让她用头来判断——吴先生提问，女儿用头来顶被提问到的形状。通过这几种测验，吴先生欣喜地看到，女儿已经能够很好地分辨出不同的几何图形了。

在发掘孩子数学天赋的过程中，父母也可以像吴先生这样用图形来启发他们的数学认知力，再顺势予以引导，就能为孩子打开学习数学的通道。

在进行认识图形的训练时，积木是非常好的教具。父母可以借鉴吴先生的做法，预先准备几种形状的积木或纸板，然后父母先说出每个图形的名称，再让孩子把相应的图形找出来。等孩子能够顺利地找出这些图形后，父母再教他们说出每种图形的名称。为了帮助孩子加深记忆，父母还可以结合日常生活中的实物来教孩子识别图形。比如，看到圆形的瓶盖就告诉孩子"这是圆形"，看见方形的纸箱就告诉孩子"这是方形"……

等孩子稍大一些，数学认知力得到了进一步的发展，父母就可以用一些更加复杂的图形来发掘他们的数学天赋。比如，可以准备一些由多种几何图形组成的玩具，让孩子先把玩具拆开，认出一个个零件的形状，再用不同的零件尝试组成其他图形，像两个正方形可以组成一个大的长方形，两个三角形可以组成一个菱形，等等。

父母还可以帮助孩子用图形拼接漂亮的动物、植物、建筑物、汽车等形状，如可以用大三角形和小三角形拼成小鱼，还可以用各种大小不同的圆形拼成青蛙，用几个小三角形加上长方形拼成小树……这样的拼接游戏会让孩子产生浓厚的兴趣，他们常常会玩得不亦乐乎，有时还会发挥自己的想象力和创造性，拼出更多的图形。这时父母一定要及时表扬他们，让他们能够获得成就感和满足感，这样他们以后学习数学知识时就会更加主动和积极，而他们的数学天赋也会得到更多的展现的机会。

帮助孩子建立起最初的空间概念

在孩子对平面的图形有了比较深入的认识后，父母还可以循序渐进地培养他们对于空间的敏感度。一般在数学方面比较有天赋的孩子可能在 2 岁左右就已经开始建立自己的空间概念了，他们能够靠物体位置的变化来感知空间的存在，从而能够不断地扩大对空间的感知，探索出一个立体化的世界。而这种空间想象能力的发展无疑能够提升他们的数学学习能力，更会为他们之后学习立体几何、数学建模等方面的知识打下最初的基础。

案 例

杨女士最近一直为自己 4 岁多的儿子发愁不已，孩子最近变得越来越调皮了。他先是爱上了家里的衣柜、橱柜，每天不亦乐乎地把里面的东西取出来，再把外面的东西塞进去。杨女士见他玩得开心，就没有阻止他。没想到他玩够了之后，又开始胡乱地扔东西，在家扔、在幼儿园也扔，有时从上往下扔，有时从近处往远处扔。杨女士已经听幼儿园的老师抱怨过好几次了，她也教育了孩子,却没有什么明显的改观。

等到孩子好不容易不再乱扔东西了,他却又爱上了乱跑乱跳,还经常站在高处往下跳,吓得杨女士一身冷汗。他还喜欢推着家里的转椅四处乱跑,有一天用力过猛,居然把书柜的玻璃门都撞裂了。他看电视也从来不会好好地坐在沙发上,而是非要站到沙发靠背或座椅上,站在高处看电视。有一次,他甚至要求站在椅子上吃饭。孩子的"壮举"真是数不胜数,让家里人感到有些吃不消了。

无奈之下,杨女士只得带着孩子求助于儿童教育专家,没想到那位专家一听杨女士的描述,就笑着说:"您的孩子是在探索空间呢,您不妨就从这方面着手去培养他,说不定能够发掘出他的空间想象力和数学天赋呢。"

杨女士在专家的建议下,开始培养孩子的空间想象和思维能力:和他一起玩搭立体积木、拼立体图纸的游戏,还教会了他很多空间词汇;平时带着孩子外出的时候,杨女士也会有意地启发他认识路线和空间。没过多久,杨女士惊喜地发现,孩子表现出了非同寻常的空间记忆力,一条路线只要走过一两遍,就能准确地记住,不会迷路;他还特别喜欢玩迷宫游戏,并总是能够轻松地通关……

从案例中我们可以发现,杨女士的儿子正处于空间敏感期,他的所作所为都是在建构空间智能:孩子往不同的方向扔东西,就是在通过移动物体的位置感知空间,而他攀爬到高处则是想更好地感知上层的空间。正是通过这些实践活动，他才能够了解物体、空间之间的关系，并能够形成自己的空间概念。

对于这类对空间充满了探索兴趣的孩子，父母一定要注意不可打击他们的积极性，不要总是批评他们淘气，而是要在保证安全的前提下，多给他们创造一些研究空间的机会。在这个过程中，孩子在空间想象、数学推理方面的天赋就会逐渐显现。

为此，父母可以准备一些立体玩具如乐高积木、磁力片等，孩子在玩耍这些立体玩具、搭建各种立体图形的过程中，可以锻炼观察力、空间想象力、数学推理能力和抽象思维能力。父母也可以和孩子一起搭建玩具，一边搭建还可以一边说一些与空间、方位有关的词语，比如"把这个正方体放在上面，把这个球体放在右边……"孩子最初可能会不太明白，但时间长了，他们就会渐渐地熟悉这些词语，并能够在日常生活中自如地运用。

父母还可以和孩子一起玩迷宫游戏，这也是训练他们的空间方位感、路线记忆能力以及推理能力、观察能力的好办法。为了避免打击孩子的积极性，父母要先找一些最简单的迷宫游戏让孩子试着玩儿，等孩子的空间想象力提升到了一定水平，再给他们推荐一些难度高的游戏。

此外，平时父母带孩子外出的时候，也可以注意训练他们的空间想象力，如让他们认识物体的远近大小，帮助他们记忆路线、方向等。经过长时间的在实践生活中父母有意识的训练，他们在上学以后，就不会被数学逻辑推理、空间构想方面的题目轻易难倒。

想办法提升孩子的数理逻辑能力

随着孩子对数量、图形、空间的认识逐渐深入,父母就可以在提升孩子的数理逻辑能力方面多下功夫了。所谓数理逻辑能力,就是从数学的角度,用数学的思维来思考和解决问题的能力,那些在数学方面表现得特别有天赋的孩子,归根结底还是因为他们具备较强的数理逻辑能力,建立起了清晰的数学思维,因而能够更好地开拓思路、分析问题,并能快速地找到解决问题的有效方法。

因此,父母们在发掘孩子的数学天赋时,也要注意在数理逻辑方面多对孩子进行引导和启发,而不应该局限于向孩子灌输一些枯燥乏味的数学知识。

案 例

姜女士的儿子洋洋不到1岁的时候就表现出对数字很敏感,姜女士也对他进行了一些启蒙教育。到洋洋2岁的时候,就已经能够从1数到100了。

洋洋最喜欢的事情就是表演数数给爸爸妈妈听。每次开始数数之前,他都要认真地叮嘱爸爸妈妈:"你们一定要仔细听哦,不要想别的事情。"姜女士被孩子一本正经的样子逗得忍俊不禁,每次都会坐下来,老老实实地"配合"他数数。

见洋洋已经很好地掌握了这100个数字,姜女士想要进一步启发他的数理逻辑能力,就笑着对他说:"从小到大正着数100个数很简单,可你会从大到小倒着数这100个数吗?"洋洋顿时来了兴趣,马上开始倒着数起了数。最初因为不熟练,洋洋数错过几次,姜女士鼓励他继续练习。没过多久,洋洋就能够从100顺利地倒着数到1了,而且他对数字之间的大小关系也有了清晰的认识。

之后,姜女士又想了个好主意,她教洋洋两个两个、五个五个、十个十个地数数,洋洋发现这样数数更快,练习得很开心,而且很快就掌握了窍门,他还高兴地对妈妈讲:"妈妈,两个两个地数,数50次就能数完;五个五个地数,数20次就能数完……"姜女士又启发他学着一百个一百个地数数,这样一会儿就能数到1000、10000……就这样,洋洋通过数数,又顺利地掌握了"倍数"的概念。

3岁以后,洋洋又开始和爸爸一起玩计算游戏。爸爸会和洋洋一起数苹果,然后拿走几个或加入几个,再问洋洋现在苹果有几个,洋洋开始还要一个一个地数才能得到答案,可练习的次数多了,他就掌握了最简单的加减法的运算规律,能够立刻报出结果。这时候爸爸又给他增加了难度,让他想象一下"有一堆球形的软糖，现在吃掉了一些，还剩多少"，爸爸认为这种问题不但加入了空间立体图形的知识，还需要动用抽象思维去思考，所以一定能够难住洋洋，没想到聪明的洋洋歪着脑袋想了一会儿，就说出了准确的答案，让爸爸连连惊呼："洋洋，你真是太棒了！"

2～3岁的孩子会对物体的数量、数字的顺序等产生兴趣，一般他们能够轻松地数到20以上的数字。而特别有天赋的孩子就会像案例中的洋洋这样，不仅能够完成从1到100的排序，还能颠倒顺序数数，不过他们可能还不太了解数字的实际意义，比如问他们"手上有几根手指"，他们就不一定能够回答。而且他们对物体数量的认识往往还会受到空间知觉的影响。比如两组数量相同，但体积不同或排列紧密度不一样的物体，孩子就有可能会认为体积大的一组数量多，物体之间距离远一点的一组数量多。对此，父母可以给他们设计一些启发性的练习，帮助他们逐渐把数字大小和物体的数量联系到一起来认识，并开始学习加减法运算等，以锻炼他们的数理逻辑思维。

比如，父母可以和孩子一起做点数的练习。孩子在吃糖时，父母可以和他们一起数糖果的个数："1颗糖，2颗糖，3颗糖……"平常生活中看到公路上行驶的车辆，也可以数给孩子听，并鼓励孩子自己数一数："1辆车，2辆车……"数到最后，父母还要教孩子算一算"一共是多少"，这样可以让孩子接触最简单的加法计算。

当孩子能够数清事物的数量以后,父母可以再逐渐引入减法计算的概念。如从一堆糖果中拿出几颗,让孩子数剩下的糖果有几颗。通过这样的训练,孩子可以更好地了解数与数之间的关系,也能掌握一些简单的减法运算。

同时,父母还要注意引导孩子比较远近、大小、多少。比如父母可以问孩子"你现在离爸爸远还是离妈妈远?""这堆筷子多,还是那堆筷子多?"从而能够让孩子形成最初的数学思维,也有助于他们数学天赋的进一步发掘和提升。

和孩子一起玩各种"数学游戏"

实验研究表明,孩子如果能够在一种轻松愉悦的环境中开展数学学习,学习效率会有较大幅度的提高。所以父母在发掘孩子的数学天赋时,方式要尽量灵活有趣一些,最好可以跟孩子玩各种数学游戏。好的数学游戏,不仅可以充实孩子的生活,而且可以激发他们学习数学的兴趣,同时还能提升他们的数学推理、空间想象能力,更可以在欢乐的气氛中发展他们的天赋和智能。

案 例

夏女士在启发孩子的数学天赋时,经常采用和孩子一起做游戏的方法,让孩子边玩游戏边学数学。孩子学得非常开心,也掌握了不少有用的知识。

有一次,夏女士想教孩子学习简单的加法,就设计了一个"小松鼠摘松果"的小游戏。她对孩子说:"今天是星期天,可爱的小松鼠们出来晒太阳。它们看到松树上结了很多松果,就上蹿下跳地摘了很多。你看这里已经有3堆松果了。"说到这里,夏女士拿出了早就画有三堆小松果的画板，然后接着对孩子说："我们来一起数一数每堆有多少松果，然后再算一算小松鼠一共摘了多少松果，好不好啊？"孩子听完夏女士的话，觉得很有意思，就认认真真地数起了松果。最后，孩子还在夏女士的指导下，把三个数字加在一起，完成了一次加法计算。

等孩子对加减法运算已经比较熟悉之后，夏女士又为他设计了新游戏"找朋友"：夏女士准备了两种卡片，第一种卡片上写着各种算式，还画着可爱的小动物的形状；第二种卡片上有数字和小孩，每个数字都被一个小孩拿在手里。夏女士告诉孩子："你知道小动物的好朋友在哪里吗？帮它们找一找吧。"

孩子拿起了一张动物卡片，见上面写着"$2+3=?$"，便自言自语道："2加3等于5，我知道了，它的好朋友在这里！"说罢，孩子拿起写着数字5的卡片，把两张卡片放在了一起，放完，还高兴地拍拍手。夏女士在一旁悄悄地观察着，见孩子没一会儿就完成了所有的"找朋友"任务，也觉得十分开心。

夏女士用设计游戏的方法，让孩子在愉快活泼的情境中掌握了数学知识。夏女士教得自然，孩子学得轻松，较好地实现了启发数学思维、发掘数学天赋的目的。

父母们也可以采用这种方法，多为孩子设计一些有趣的游戏，以让他们快快乐乐地学数学，展现他们的数学天赋。

比如，"唱数字歌"就是一种很好的数学游戏，很适合2岁以下刚产生数感的孩子。父母可以与孩子一起唱"一、二、三、四、五、六、七,我的朋友在哪里?"或是一起念有数字的口诀,如:"一只手指头,一只手指头,变呀变呀变成毛毛虫。两只手指头,两只手指头,变呀变呀变成小白兔。三只手指头,三只手指头,变呀变呀变成小猫咪……"(这首口诀可以一直念到十只手指头)这类游戏可以帮助孩子更多地认识数字,如果游戏时父母能配合欢快的音乐以及生动的肢体、表情等,效果会更加理想。

对于2岁以上的对数量、图形有所感知的孩子,父母可以让他们试着做给物品分类的游戏。比如,将几种水果同时放置在同一个盘子中,让孩子从其颜色、大小、形状等不同"属性"出发来进行分类;或者准备几种不同颜色的小球,父母任意取出一种颜色的小球,让孩子也取出颜色相同的小球进行配对,以训练孩子对图形的观察和判断能力。

这个游戏还可以拓展为对扑克牌进行分类。比如可以让孩子将扑克牌按花色形状分成几堆,再按红色和黑色分类,最后按数字来分类。这样不仅能够培养孩子的数学天赋,还有助于提升他们对颜色、形状等的敏感度。

类似这样的数学游戏还有很多,只要父母善于开动脑筋,在日常生活中,就能够源源不断地为孩子设计出好的游戏来。这些游戏不仅蕴含了丰富的教育内容,也符合孩子的认知规律和天性,对孩子有极大的吸引力。

不过,父母也要注意不要用自己的价值取向来衡量孩子的游戏。比如，某日安排的某次游戏，目标是让孩子学会一条乘法口诀；结果由于游戏设计不科学，或是孩子兴趣不高，导致孩子没能学会口诀——这其实是非常正常的情况。在这种时候，父母不要责怪孩子"笨""不用心"等，那就会失去"在游戏中学数学"的真谛了。所以遇到游戏效果不佳的情况时，父母更应该做的是反思问题出在什么地方，然后想办法改进，而不能强求每次玩游戏都要让孩子学到什么知识。

让孩子在理财活动中学习数学知识

理财听起来好像是成人才会关心的事,好像和孩子的数学天赋也没有多大的关系。但事实并非如此,理财可以说是数学知识能够学以致用的最佳途径。通过理财,孩子能够更好地辨认不同的数字,还能够在实际问题中练习加减乘除运算,并可以了解不同种类或分量的东西所具有的不同的金钱价值。

因此,在孩子具备了一定的数学知识之后,父母完全可以教给他们基本的理财知识,引导他们一同参加消费、储蓄、记账等理财活动,这样不仅有助于发掘他们的数学天赋,还能帮助他们养成正确的金钱观和理财观,对他们今后的成长很有好处。

案 例

文女士有一个可爱的儿子。从儿子很小的时候,文女士就十分注意发掘他的数学天赋,等他掌握了一定的数学知识后,文女士又开始教他理财的知识,想让他在理财活动中认识数字、学会计算。

最初,文女士经常和孩子一起玩"买东西"的游戏:儿子把自己最喜欢的玩具摆在地上,大声叫卖着:"卖玩具了,卖玩具了!"文女士就装作很感兴趣的样子,问他:"这个机器人卖多少钱?"

儿子还不太懂价格和价值的关系,就随意说了个数字:"5块钱!"文女士故意逗他:"太贵了,便宜点我就买了!"儿子想了想,带着心疼的表情说:"那1块钱卖给你吧。"文女士就笑着递给他一张自制的游戏钞票,上面画着数字"1",代表1块钱。

这个游戏玩的次数多了,儿子就知道有的玩具的价值是昂贵的,应当高价出售,而有的玩具却可以便宜出售,所以他定的价格也越来越合理了。文女士又趁机教会了他如何"找零",也让他可以更好地练习加减法运算。

到儿子5岁时,文女士把他带到超市,让他亲自参与一些复杂的购买活动,帮助他形成基本的消费观念和理财观念。

每次逛超市前,文女士母子二人都会列出详细的采购清单。到了超市,儿子会先看本日的特价商品标示,看看有没有清单上的东西,然后接下来才会开始选购商品。这样能够避免盲目购买造成的浪费。

在文女士的指点下,儿子学会了选择物美价廉的商品。比如儿子想要购买自己喜欢的食品,就会先看价格是否太昂贵,再看包装上有没有保存期限、生产日期、是否添加防腐剂等说明,从而能够挑选到最适合的商品。

第八章
如何发掘孩子的数学天赋

回到家后，文女士还会和儿子一起对照超市的小票记账，这样既知道花了多少钱，也知道"省下"了多少钱。在文女士的悉心教育下，孩子学到了不少数学知识，也明白了应该怎样聪明地花钱，还养成了节约的好习惯。

文女士对孩子进行早期理财教育，无形中也是对孩子数学天赋的一种很好的发掘和培养。孩子在超市购物的实践中，学会了利用所学的数学知识主动进行物品价格的比较和分析，而且孩子也会渐渐形成正确的金钱观，懂得金钱来之不易，因此能够合理计算和消费。这些经验都将使孩子一生受益匪浅。

父母们也可以参考文女士的做法，对孩子进行类似的引导和教育工作。比如可以先让孩子认识元、角、分这些概念，然后带他们到商店、市场实践。最开始孩子可能不知道该从何处入手，父母可以先让孩子观察别人是怎样购物，怎样付钱的，再看看售货员又是怎样找零钱的等。然后父母还可以让孩子思考类似这样的问题"现在妈妈有10元钱，打算买一瓶饮料，要用去3元，还剩多少钱？还能买些什么？"，等等。

记得我儿子在5岁时，前期对认识钱币和在商店购物已经有了一些铺垫。有一次周末中午我忙着要做饭，家里缺少盐、大葱、土豆、醋四样东西，我给儿子带了10元钱，告诉儿子买一袋盐、两颗大葱、三颗土豆、一袋醋。并给他背了一个小双肩包，就让他到马路对面的小超市去购物了。大约过了一刻钟的时间，儿子将所有的物品全部采购回来,也带回了正确的找零。

如此一来,孩子就会主动地去思考,并会很自然地用自己所学到的数学知识去做加减法,以找到正确的答案。与此同时,孩子也学会了如何买东西,如何使用钱币,如何选择物有所值的商品,如何根据自己的支付能力合理地消费,等等。这样不但能够锻炼孩子的数学思维,还能让他们养成先认真思考、计算后再花钱的习惯,有助于避免盲目消费。数学是在生活的场景里最方便完成的一类启蒙教育,同时也可以通过生活化的体验来发现孩子对数学的特别的天赋。

第九章 如何发掘孩子的科学创造天赋

尽量满足孩子强烈的好奇心

好奇、好问是孩子的天性，很多孩子在年幼的时候都会问出这样或那样的问题。大多数孩子在自己的问题得到解答后就会感到满足，而科学天赋超强的孩子却会孜孜不倦地研究事情背后的规律，因为他们关注的不是结果，而是事物发生的过程。

这种强烈的好奇心正是科学探索精神和创造性思维的基础，也是孩子富有科学创造天赋的表现。如果父母能够善加引导的话，就能充分地发掘出孩子的科学创造天赋，激活他们从事科学研究的积极性，更可提升他们内在的学习和创造力，让他们能够成为真正的天才。

案例

黄女士的儿子俊豪3岁了，他是一个拥有强烈好奇心的孩子，每天最喜欢缠着爸爸妈妈问"为什么"。黄女士和丈夫经常被他问得张口结舌，因为他问的问题总是五花八门："为什么夏天这么热，冬天这么冷？""为什么小汽车的车轮是圆形的，而不是方形

第九章
如何发掘孩子的科学创造天赋

的?""为什么我把东西往天上扔,最后它却会落回到地上?""为什么从超市买回来的饮料瓶都是没有装满的?""为什么我一踩脚楼道里的灯就会亮"……

俊豪问的问题乍一听很简单,可再仔细一想,就会发现里面蕴藏着不少科学知识和科学原理。黄女士和丈夫上大学时学的都是文科,有些问题一时也不知道该怎么给孩子正确解释。有一次丈夫被孩子问烦了,就不高兴地说:"你怎么总是有那么多问题?简直就是'十万个为什么'!爸爸工作一天都累坏了,没时间回答你的问题,你自己去玩吧。"

听到爸爸的话后,俊豪立刻露出了失望的表情。看着他那垂头丧气的样子,黄女士很不忍心,连忙拉住他说:"你问的问题很有意思,妈妈也觉得很好奇。咱们一起上网查一查,看看答案是什么,好吗?"

见妈妈这么支持自己,俊豪高兴地笑了。母子俩手拉着手坐在电脑前,你说问题,我查答案,忙得不亦乐乎。找到了答案之后,黄女士自己先仔仔细细地读一遍,再用尽可能简单的话语讲给俊豪听。俊豪听得十分认真,还不时地发问道:"妈妈,什么是摩擦力?什么是重力?什么是电磁感应?"黄女士就又开始查找这些术语的答案,一点点地教给俊豪。虽然有很多知识都超出了俊豪的理解力,但他还是听得十分认真。最终,他的好奇心得到了暂时的满足,这才满意地对黄女士说:"妈妈,科学真是太神奇了,我以后要做一名科学家!"

黄女士向他竖起了大拇指,夸他"真棒"。爸爸看见了,觉得有些不好意思,走过来向俊豪道歉,还说以后要和俊豪一起学习科学知识……

有的孩子会像案例中的俊豪这样,具有极其强烈的好奇心和永不满足的探索精神,哪怕是人家觉得不足为奇的现象,只要他产生了兴趣,就会千方百计找出现象背后隐藏的规律。这种好奇心其实就是一种十分难得的科学天赋,它能够让孩子更好地去认识和研究万事万物,也能为他们日后从事各种科学研究、创造性工作提供无穷的原动力。

好奇心是智慧的源泉,是创新的起点,是进取的动力。科学史上的每一个进步、每一次改变都源于这点点滴滴的"好奇心"以及对事物发生规律的不懈探索。所以,当孩子对某一事物产生好奇心的时候,哪怕它是非常简单的,父母也不要急于否定,千万不要用成人固有的观念和狭隘的思维去限制孩子,而要引导孩子用心去捕捉每一次好奇心闪烁的智慧火花,才不会让它悄悄溜走。

对于孩子提出的每一个充满好奇的问题,父母应当尽量予以解答。如果实在没有能力给出正确的答案,父母也可以像案例中的黄女士这样,通过查找书籍或网络资料,为孩子解开疑团,同时也能让孩子积累很多宝贵的科学知识。

另外,父母还应当鼓励孩子敢于尝试,要为了解开心中的谜团去积极地动口、动手以及学习、钻研，使孩子的好奇心逐步由不切实际到切合实际，由对表面现象的好奇到对事物内在本质规律的好奇，这样孩子的思维会更加活跃，各方面能力也会不断提升。这样好奇心就会变成求知的种子，推动着孩子不断地成长和进步。

鼓励孩子亲自动手去实践

动手实践是科学研究中很重要的一部分。没有实践,孩子的好奇心和探索精神就无从得到检验,他们的科学创造天赋也就很难有显现的机会。

因此,父母应当尽量给孩子创造条件,鼓励和引导他们亲自动手去实践。在实践的过程中,孩子将会享受到发现的乐趣,同时也能够获得更加丰富的感性知识,并可培养出独立解决问题的能力,而这些都会为他们深入思考、大胆创新提供充足的条件。

案 例

蒲女士的儿子是一个调皮的孩子,他总是喜欢动手拆开自己的玩具,想看看它们是怎么运转的。有一次,他想知道闹钟为什么每天早上都会准时响起,就把闹钟拿起来研究,谁知一番拆卸后,零件再也装不回去了。

儿子不好意思地告诉妈妈自己把闹钟弄坏了,蒲女士不仅没有批评他,反而还夸他"有求知欲、有探索精神"。之后,蒲女士

第九章
如何发掘孩子的科学创造天赋

有意识地引导儿子动手实践,为了让儿子大胆探索,她还为儿子准备了一套小小的工具箱,以方便儿子装卸玩具等。

一天,蒲女士送给儿子一个小磁铁,又拿出了准备好的铁屑、白纸和蜡笔,告诉儿子要给他表演一个魔术。儿子十分好奇,连声催促妈妈赶快表演。蒲女士就用蜡笔在白纸上画了一个刺猬的形状,不过没有画出刺猬身上的刺。接下来,蒲女士把铁屑洒到了"刺猬"身上,再把磁铁放在白纸下方轻轻移动。受到磁铁的吸引,铁屑呈现出了独特的艺术造型,看上去就好像小刺猬慢慢长出了尖刺一样。

儿子一边看一边鼓掌,还不停地说:"妈妈,让我试一下。"蒲女士把磁铁交给儿子,他马上认真地实验起来,用磁铁"指挥"着铁屑组成了各种不同的形状……等儿子玩累了,蒲女士问他:"你知道这些小铁屑为什么这么听话吗?"儿子想了想说:"是磁铁在吸引它们!"

儿子的回答让蒲女士感到十分惊喜,她没想到儿子这么聪明,通过动手实践,他马上就想到了之前教给他的有关磁铁的知识。

从那以后,蒲女士更加重视给儿子创造亲自动手的机会。她从网上找了很多科学小实验,每周都会按照步骤引导儿子做一两个实验,这不但满足了儿子玩耍的乐趣,还拉近了孩子和科学的距离,让他在简单有趣的实验中弄懂了很多看似深奥的科学道理。

在发掘孩子科学创造天赋的过程中,父母千万不要只重视给孩子灌输理论,却忽视了动手实践。因为很多科学道理是需要通过实验才能得到验证的,孩子如果能够亲自去试一试的话,他们对于科学知识的认识就会更加直观；一旦实验取得了成功，他们更是会激动不已，那种感觉是难以用语言表达的。

现在很多孩子最缺少的就是动手能力，所以当父母发现孩子有兴趣去研究、去实践的时候，就一定要满足他们的需要，而不是把他们的行为当成是"搞破坏"并加以阻止，否则就会扼杀了孩子这份难得的科学创造天赋。

父母应当为孩子的动手实践创造条件，以培养他们的科学素养并鼓励他们的好奇心。比如，孩子对某一科学现象产生了兴趣，父母先不要直接告诉他们书本上的结论，而要启发他们自己去动手试试看"为什么会这样"。这样可以给他们一个自我探究的空间，提高他们的动手能力。如果孩子渴望了解植物生长的规律，父母就可以给他们准备小花盆、种子、小水壶、小铲子等，然后指导他们亲自来种植，并定时浇水、松土，再认真观察植物的生长情况，并把植物的变化记录在笔记本上。这样一来，孩子就会逐渐发现其中的奥秘，并会体会到动手实践的乐趣。

需要提醒的是，年龄幼小的孩子在动手实践时具有随意性，容易造成"事故"。因此父母最好能够在一旁监督，以免发生意外。特别是在孩子使用金属工具如剪子、刀子、铲子和榔头等之前，父母一定要教孩子正确的操作方法，并一定要嘱咐孩子注意安全。有条件的父母最好给孩子准备儿童专用的圆头剪刀等工具，以减少孩子使用工具时的危险。另外，动手实践之后，父母还要提醒孩子及时洗手，注意保持清洁卫生。

在生活中不断激发孩子的求知欲

求知欲,指的是孩子对学习知识有一种内在的渴望,对获得丰富的知识有一种内在的持续的追求。每个孩子其实都具备这种潜质,这是孩子的天性和需求,是一种非常可贵的天赋,也是他们日后能够从事科学研究所必不可少的品质。

在生活中,孩子随时随地都会展现出可贵的求知欲,这时候父母可不要错过机会,要想办法激励孩子主动去探索、思考,从而就能够发掘出他们的科学创造天赋,让他们逐渐走上科学探索的道路。

案 例

李先生的儿子刚满3岁,他对周围的世界怀有旺盛的求知欲。一些在李先生看来非常平常的生活中的普遍现象,在儿子眼中却是神奇的、有趣的。像一只蚂蚁、一朵蒲公英花、一滴露珠都会引起他的注意,他会认真地观察好久,想要弄清楚它们都是怎么回事。

每次看到儿子观察生活中的各种事物的时候，李先生都不会催促他，而是会注意抓住这难得的机会，给孩子一些有益地引导，再巧妙地告诉他一些相关的知识，使他的求知欲得到一定的满足。

有一次，李先生给儿子洗澡时，儿子非要在浴缸里放几个塑料瓶，还说那些都是小船。李先生看他不停地摆弄那几只空瓶子，玩得不亦乐乎，便随口问了他一句："你能把'小船'变成潜水艇，让他们沉到水里去吗？"

儿子立刻回答："这还不简单！"说罢，他用手按在一个瓶子上，用力把它压到水下，然后笑眯眯地看着李先生，好像在说："你怎么还不夸我聪明？"

李先生却摇了摇头，对他说："你把手松开试试。"儿子松开手，瓶子马上就飘到了水面上。李先生用遗憾的语气说："这可不行呀，'潜水艇'飘到水面上，会被敌人发现的。怎么让它一直停留在水底呢？"

儿子疑惑地拿起瓶子，皱着眉头看了又看，似乎被这个问题难住了。李先生想启发他一下，就拿了一辆比较重的小汽车放进了浴缸里，小汽车立刻沉到了水底。

儿子默默地观察着、思考着，终于得出了结论："爸爸，我知道是怎么回事了，这个空瓶子很轻，会浮在水面上；这辆小汽车很重，会沉到水里。"

李先生没想到儿子这么快就能领悟到浮力与重量之间的关系，很是高兴。他继续启发儿子："那你有没有办法把瓶子变得重一

第九章
如何发掘孩子的科学创造天赋

些呢?"

儿子马上拿起瓶子打开瓶盖,灌了满满一瓶水,之后再把瓶子放进水里;果然,瓶子快速下沉,像小汽车一样也沉到了水底。看到这个结果,儿子拍着手笑起来……

李先生利用生活中最常见的现象激发了儿子的求知欲,使他在不知不觉中完成了一次对浮力知识的最初的探究。这种做法远比将知识直接灌输给孩子要巧妙得多,因为孩子是在用自己能够理解的方式,借助自己的聪明才智来解决问题。这么一来,孩子一定会为学到的知识感到骄傲。同时,他也会更加地热爱科学,并会从研究科学、探索科学中汲取能量,展现出与众不同的天赋来。

由此可见,父母应时常留心发生在孩子身边的各种事情,找到孩子最富有求知渴望的瞬间,激发他们主动探索的热情。

不过,孩子的求知欲往往会具有较大的随意性,所以如何激发孩子的求知欲,就需要父母用心观察并引导了。为此,父母可以先为孩子创设一个充满奥秘的环境,以吸引他们的注意,激发他们探索和学习的兴趣。这种环境可以是试验角、天文地理角等。父母不妨在家中为孩子布置这样一个小小的空间,并在其中准备一些望远镜、放大镜、三棱镜等,以激起孩子的好奇心,发掘他们的科学创造天赋。

同时,父母自身也应该有很强的求知欲,要在孩子面前表现得热爱知识,并能够经常用知识充实自己,这样才能发挥潜移默化的作用,使孩子受到良好的影响。这里父母可以采用的方法有很多:父母可以与孩子到楼顶上一起观察星象,辨认星座的名字;还可以在家中的墙上张贴世界地图、中国地图,再和孩子一起记忆地名;父母也可以和孩子一起看《爱科学》等电视节目,再讨论一下其中的科学道理;父母还可以与孩子一起玩"上楼梯"的游戏,即考孩子一些简单的问题,答对一次,就可以上一阶楼梯;平时休息的时候,父母可以带上画纸、颜料,和孩子一起去海滩、森林、公园观察自然界的事物并把它们画下来;有条件的话,父母还可以带着孩子在空地上开垦一片小园子,再种上一些喜欢的植物,和孩子比赛看看谁种的植物会先长大,等等。

总之,只要父母有足够的耐心,愿意为孩子的天赋发掘奉献时间和精力,就一定能够从生活中找到最适合的激发孩子求知欲的方法。

培养孩子主动提问的能力

发现问题、提出问题，有助于培养孩子的观察力、思考力、探索能力等可贵的科学品质。而且孩子学会提问也能够增强他们深入寻找事物奥秘的热情。倘若能够通过自己的思考、探究解决问题，他们更会品尝到无穷的乐趣，从而能够更好地激发他们爱科学、研究科学的积极性。

因此，父母一定要鼓励孩子多思考、多提问题，这对于发掘他们的科学创造天赋也是很有意义的。

案 例

陈女士很重视培养儿子提问的习惯。有一次，陈女士带儿子读了儿童读物《亲爱的小鱼》后，问儿子："你在哪一页上有看不懂的地方？"

儿子一开始还有点茫然，陈女士就启发他说："只要是你觉得不明白的地方都可以提问。"儿子眨眨眼睛，一口气提了好几个问题："小鱼为什么到海里去喝水？""小猫坐在石头上干什么？"

"小猫为什么要把帽子扔到大海里?"等。

陈女士被儿子的奇思妙想逗笑了。为了引导儿子主动学习,她没有直接回答他的这些问题,而是带着他重新阅读这本书,然后和他共同找到了问题的答案。这下儿子再也没有疑问了,觉得十分满意。

后来,陈女士又带着儿子读了科普读物《恐龙的故事》。为了让儿子对恐龙有一个直观的认识,陈女士还带他去了博物馆。看儿子对这些大大小小的恐龙标本非常感兴趣,陈女士便又鼓励他主动提问,儿子在思考后又提出了好多问题:"恐龙生存在什么年代?""恐龙一共有多少种?""恐龙为什么长得这么可怕?"……

陈女士没想到儿子竟然想到了这么多细节,其中一些问题就连陈女士自己都不知道具体答案。于是她对儿子说:"这些问题的答案妈妈也不太清楚。我们一起在书里寻找答案好不好?"儿子欣然同意。

离开博物馆后,陈女士和儿子没有回家,而是径直去了图书馆。在那里他们找到了一些相关的科学书籍,饶有兴趣地阅读起来。看到儿子在书中努力寻找答案的样子,陈女士觉得非常欣慰。

陈女士鼓励孩子多提问、多思考,从而引导孩子爱上了主动提问,提高了他的科学探索能力,这种方法也是值得父母们借鉴的。孩子生活经验尚浅,面对五彩缤纷的世界时,会觉得一切都是那么新奇与神秘。父母就可以借此契机,引导孩子边思考、边

第九章
如何发掘孩子的科学创造天赋

提问,进而让孩子养成热爱提问的好习惯,并能够不断提升提问的水平。这样不仅孩子的科学创造天赋会有展现的机会,就连他们的语言表达能力也会有显著的进步。

不过很多时候,孩子虽然产生了一些疑问,却还没有形成主动提问的意识,这时就需要父母引导与训练,才能让孩子善于提问、敢于提问。

为此,父母首先要为孩子营造适合提问的氛围。这要求父母先要把自己放在和孩子平等的地位上,而不能把自己视为高高在上的教育者,这样才能以更加平和的态度对待孩子提出的每一个问题。有时孩子的问题听上去非常幼稚,父母也要给予充分的肯定和赞许,这种肯定可以是语言上的激励,比如说"这个问题真棒""宝宝能发现这样的问题真了不起";也可以是手势的肯定,比如向孩子竖起大拇指等;还可以是亲昵的动作,比如轻轻拥抱孩子、亲吻孩子等。这样才能让孩子越来越敢于提问,并能提出质量更高的问题来。

另外,父母还应当做好足够的心理准备去面对孩子提出的一个又一个重复的问题。这种情况在孩子提问时也会经常出现。这不是因为孩子无聊,或是他想要故意捣乱,而是因为他一直都在思考这个问题,或者是他对之前获得的答案不太满意,所以想要得到更多的信息。对此,父母需要有足够的耐心,千万不要责怪孩子,也不要转移话题敷衍孩子,以免打击了他们主动提问的积极性,让他们以后都不敢轻易开口提问。所以,无论孩子提过多少次同样的问题,父母都要尽量耐心地给出回答。

  此外,父母在回答孩子的问题时应当考虑孩子的理解和接受能力,切勿用一些又长又深奥的定义、解释来迷惑他们。比如,当孩子问"为什么海水是蓝色的",父母就不要试图让他明白光折射、反射、散射等复杂的原理,而只要简单地告诉他"海水本身是无色的,因为对太阳光进行了散射,才会显出蓝色"。至于其中具体而复杂的原因则可以留待孩子日后自己去探究。

帮助孩子养成独立思考的好习惯

6岁以前,孩子的大脑正处于快速发育的阶段,思维能力和智力发育也在飞速发展。所以在这个阶段,父母要特别重视引导孩子形成良好的思考行为和思维习惯,这对发掘他们的科学创造天赋很有帮助。

比如,孩子在阅读少儿读物时,父母就可以坚持启发孩子一边听、读、看,一边积极地思考,直到孩子形成独立思考的习惯,这对孩子的智力发育及科学天赋的提高有着不可忽视的作用。

案 例

刘女士一直很注意引导自己5岁的孩子独立思考问题。比如她给孩子读了一首诗:"如果世界上堆满了面包,如果海水全部化为墨水,如果天上只会下奶酪雨,那么,我们喝什么?"见孩子听得入迷,她就问孩子:"天上能下奶酪雨吗?海水能全变成墨水吗?"

孩子摇了摇头。刘女士便问他:"那你觉得一个句子以'如果'开头,是不是意味着它不是真的?"在不知不觉中,刘女士把孩子引入了思考的境界，让孩子联想起了一连串的问题，培养了孩子通过独立思考自己想办法解决问题的好习惯。

还有一次，刘女士准备带孩子去超市购物，出门的时候，刘女士对孩子说："帮妈妈拿一个环保袋吧。"

孩子奇怪地问："妈妈，为什么我们每次去买东西都要自己带袋子呢？我看到超市也有很多塑料袋啊。"

刘女士的脑海中立刻涌现出了很多现成的答案：制造塑料袋使用的原料极难降解，会形成"白色垃圾"污染环境；塑料本身还会释放有害气体，食物放在里面会受到一定程度的污染，也会影响人的身体健康……

刘女士本来想把这些科学道理讲给孩子听，可她知道很难让孩子在较短的时间内弄明白"降解""白色垃圾""污染"等之类的词语，而且自己滔滔不绝的解说，也会剥夺了孩子独立思考的机会。所以刘女士故意不告诉孩子答案，而是反问孩子道："你觉得我们为什么要用环保袋，而不用塑料袋？"

孩子歪着脑袋想了一会儿，突然有了灵感，大声说道："妈妈，用环保袋可以帮我们省钱，超市里的塑料袋是要收费的，对吗？"

刘女士倒没有想到这方面的原因，一时间还有些惊讶，不过她马上对孩子的想法予以肯定，并鼓励他再想想还有没有其他原因。

孩子又陷入了沉思，好半天，他才说道："妈妈，'环保袋'

的意思是不是说能够保护环境?"刘女士没想到孩子能说出"保护环境"这样的词语,觉得十分惊喜,她这才和孩子讨论起塑料袋会造成环境污染的问题。孩子听得津津有味,学到了不少有益的科学知识。

在上面的案例中,刘女士通过提问引导孩子独立思考的方法,是值得父母学习借鉴的。即使父母提出的问题孩子一时半刻回答不了也没有关系,因为这并不是训练的重点。父母只要能把思考引入孩子的各种活动中,让孩子有主动思考的兴趣,就算是达到了目的。

在这个过程中,如果父母能够注意一些方式方法,启发孩子思考的效果就会更好。比如,父母可以在孩子阅读书籍的时候,结合书中内容给他们设置一些问题。比如,一位妈妈想让孩子学会比较远近、高低、大小等,就在和孩子一起看图画书时,把图中人物、动物、景物的高矮、大小与远近的关系讲给孩子听,之后又问孩子:"这是兔子妈妈,这是兔子宝宝,可是怎么兔子妈妈画得比宝宝还小呢?"孩子就会开始主动思考,并得出了"兔子妈妈站得远,兔子宝宝站得近"等结论。

这种启发孩子思考的做法是很值得父母模仿的,父母还可以根据孩子的理解程度适当将问题引申开来。比如,可以这样问孩子:"公路上的汽车离我们越来越远和越来越近的时候,我们看到的汽车会有什么不同呢?"这样就能让孩子把学到的知识和现实生活结合起来进行思考，可以不断拓展孩子的思路。

需要指出的是，父母为孩子设置的问题应当具有范围广、思路活、认识全的特点。问题范围大而广，就可以让孩子根据自己的认识，从各个角度做出不同的回答；而问题思路灵活，则是指提问要从孩子的思维现状出发，顺着孩子的思路去灵活地启发引导，而不能总是按父母自己的意图要求孩子给出一些所谓的标准答案；至于问题的"认识全"，指的是提问不应局限于某一细节，而要着眼于对事物的全面分析和理解。

此外，为了培养孩子独立思考的好习惯，父母还可以多引导孩子用自己的眼睛去发现各种新鲜的事物。在日常生活中，父母可以利用各种外在环境培养孩子的思考能力。比如，春天来了，父母就可以带孩子去公园、郊区欣赏风景，让孩子仔细观察，发现"树木长出了嫩芽""人们穿上了单衣"等新鲜的事情，然后再让孩子思考，就能使他们得出这样的结论：因为天气暖和了，树叶才会发芽，人们才不再怕冷，所以才会脱下厚重的棉衣。经过这样有意识的引导后，孩子就能够逐渐培养起独立思考的好习惯，而他们的科学创造天赋也会有更多的展现机会。

通过阅读百科图书培养孩子对科学的兴趣

孩子在一天天长大,对周围的世界更是充满了研究和探索的兴趣,他们会渴望知道各种各样的科学知识,像小小的种子是怎么长成参天大树的,难看的毛毛虫是怎样羽化成蝶的,汽车是依靠什么力量才能在公路上奔跑的,轮船又为什么能够一直浮在水面上……

为了适应孩子个性和兴趣的发展,发掘他们的科学创造天赋,父母可以引导他们多阅读优秀的百科读物,这可以引导孩子主动观察、研究身边的现象,也能帮助他们解开很多科学谜团,进而可以为他们将来从事科学研究事业打下坚实的基础。

案例

房女士的女儿是一个地地道道的小科学迷,从小就喜欢研究各种各样有趣的科学知识。女儿3岁生日时,伯父送给她一套《科学绘本系列儿童图书》作为礼物。房女士本来以为女儿会看不懂,没想到女儿每天都爱不释手地抱着图书,一边看还一边笑。

孩子的举动带给了房女士一些思考。

房女士走过去一看,才发现这本书上有很多精美、简洁的彩色插图,展现了各种自然科学知识,文字内容是词条式的,每个词条都是一个非常有趣的小故事,故事后面还有童谣、生活小游戏,可以帮助孩子深入理解知识。

这会儿,女儿正在看一个叫《跟我数星座》的小故事,她用小手指着文字上的拼音,读一句,想一想是什么意思,再读下一句……一个故事读完了,她又按照书中的指引,去辨认图中哪个是大熊座、哪个是小熊座……房女士在一旁看着,不由地连连点头,心想以后一定要多给女儿买一些这样的好书,让女儿能够在提升科学天赋的同时养成主动学习、主动思考的好习惯。

等到女儿把这套图书读完后,房女士带她去了书店。母女俩在商量之后,决定购买一套《儿童人体百科》绘本。这本书介绍的是人体和生理方面的知识,也是用故事的形式写成的,其中很多故事都是女儿最感兴趣的内容。

拿到新书后,女儿每天都要读一个故事,从《呱呱坠地》中,女儿知道了自己是从妈妈肚子里出来的,曾经也和妈妈一起同甘共苦;从《圆圆的肚脐》中,女儿了解到自己在妈妈肚子里的生长过程,还让女儿找到了自己和妈妈最初的生命连接——脐带;从《了不起的粪便》里,女儿知道了各种不一样的动物排泄的粪便是不同的……尽管女儿还不太识字,看书也大多是在"看画",但书中所描写的知识还是深深地吸引了她,给她打开了一个广阔的新天地……

第九章
如何发掘孩子的科学创造天赋

在本案例中,房女士的女儿爱上了阅读百科图书,培养了对科学知识的浓厚兴趣。父母在发掘孩子的科学创造天赋时,也可以考虑采用同样的办法,将百科图书介绍给孩子,让他们爱上阅读、爱上科学。

事实上,在众多儿童图书中,百科类图书对孩子的天赋发掘和提升是最有帮助的。因为百科图书是一种具有知识梳理功能的书籍,内容编排富有逻辑性,知识点之间也互有联系,能够让孩子在学到一个知识点的基础上逐渐发散思维,直到形成自己的"知识树"。与此同时,孩子还能在阅读中逐渐形成结构性思维,使他们能够更有条理地分析问题、解决问题。

这里需要提醒的是,并不是上学以后的孩子才应该看百科读物。学前的科普教育其实更加重要,也是让孩子爱上科学的最好的启蒙阶段。所以父母给孩子选择的书籍中,百科读物是绝对不能少的。

不过,市场上的百科读物种类繁多,父母还需要慎重地选择,才能找到最适合孩子阅读的图书。为此,父母可以先看一看图书的内容是否全面,能不能满足孩子现阶段的知识学习需求;再看看图书介绍的知识是否准确,以免购买回粗制滥造、错误百出的书籍,反而会对孩子造成误导;同时,还要看一看图书的编排是否适合孩子阅读,一般好的百科图书会配有大量印刷精美的图片,常常会采用"图说知识"的方式,把知识碎片化,再通过简单有趣的方式给孩子讲解,让孩子在阅读时以读图为主,还可以通过简练的文字介绍一目了然读懂科学书籍。

比如,同样是介绍交通工具,一些普通的图书会用成人化的语气介绍交通工具发展的历史、交通工具的分类和功能等,这些知识读起来缺少趣味性,孩子肯定会不感兴趣,也不会认真去读;而优秀的百科图书就会从孩子的视角出发,用充满童趣的口吻给孩子讲故事,还会用大量细致入微的插图,把一辆交通工具拆开,带着孩子亲眼去看里面的零部件,为孩子解开"汽车为什么能跑""车轮为什么是圆形"等谜团——这样的图书孩子往往会百看不厌,而且还能够从中学到实用的科学知识。

在读完了图书后,父母还可以让孩子学着动手动脑,把从书中学到的知识真正融入生活实践中来。比如,在孩子阅读了上述有关交通工具构造的图书后,父母就可以给孩子准备小螺丝刀、遥控小汽车等,让孩子自己来拆卸。学以致用的快乐会让孩子更加热爱阅读。当然,孩子毕竟还很幼小,出于安全考虑,所有的生活实践都应当在父母的陪同和监督下进行。

除此以外,父母还可以为孩子制作百科知识卡片,以帮助孩子认识更多事物。相对于图书而言,卡片的内容更简洁明了,更具有直观性,每张卡片就是一个知识点,一个"资讯元件",而且携带也很方便,能给孩子带来很多乐趣。父母还可以在卡片的正面写上问题,背面写上知识点的答案,构成问答形式,作为游戏与互动时使用,这样就能够让孩子的知识掌握更牢固、学习效果更佳。

用科幻作品激发孩子的想象力

科幻作品是在尊重科学知识的基础上，通过合理想象而创作出的一类文学作品。孩子读科幻，听起来有点不可想象，似乎其中的科学原理会让孩子难以理解，可实际上并非如此，科幻作品能够启发孩子的想象力，激发他们研究、探索科学问题的兴趣，对于发掘他们的科学创造天赋也是很有帮助的。

因此，父母不但不应当阻止孩子阅读科幻作品，反而还要创造条件，引导他们选读优秀的科幻作品。

案 例

娜娜小朋友虽然只有3岁半，却对研究科学知识很有兴趣，也很喜欢阅读童书。爸爸为她精心挑选了科幻图书《小精豆科幻之旅》，其中有小精豆用营养液"培育"怪诞博士，用模拟生物循环圈回到原始社会，用动物观察仪毫无障碍地跟动物交流等富有想象力的科幻故事情节。

对此，妈妈最初有些担心，觉得女儿这么小，怎么能看得懂这些"稀奇古怪的故事"呢？但让她意外的是，娜娜非常喜欢这些科幻故事，虽然她还不太识字，但是听了爸爸的讲解之后，常会不停地追问："小精豆是怎样做到这些的？后来怪诞博士怎么样了？"爸爸为了回答娜娜的这些问题，着实费了些功夫，才找到了最浅显易懂的解释办法。

看着父女俩投入地阅读科幻小说的情景，妈妈也很受启发。她想起了自己小时候看过的法国科幻作家儒勒·凡尔纳的经典作品，也很想把它们介绍给女儿。可是娜娜还小，书中的故事对她来说还比较深奥。妈妈就来到书店，想看看有没有浅显易懂的绘本之类的读物。在书店里，她找到了一套《儒勒·凡尔纳科幻绘本系列》，里面有《八十天环游地球》《地心游记》《海底两万里》等经典作品的绘本。凡尔纳的小说经过精心改编之后，语言更加生动活泼，再加上精美的插画，很符合娜娜的阅读兴趣。

妈妈买下这套绘本，回家送给了娜娜。娜娜兴致勃勃地翻开书，马上就被那些充满传奇色彩和科学精神的故事迷住了。她津津有味地阅读着，读完了还兴奋地问爸爸妈妈："你们猜猜'鹦鹉螺号'是干什么的？""你知道尼罗河的源头在哪里吗？"爸爸妈妈被她的问题难住了，就和她一起读书，再从书中寻找答案……

就这样，娜娜深深地爱上了科幻作品，想象力也更加丰富了，在面对一些新鲜的事物时，她总会有很多奇怪的想法冒出来……

娜娜虽然只有3岁半，却并没有像妈妈担心的那样看不懂含有科幻元素的书籍。这也提醒了父母，千万不要低估孩子想象力的

第九章
如何发掘孩子的科学创造天赋

发展速度,也不要错过发掘他们科学天赋的最佳时机。父母应多为孩子创造一些与科学、科幻近距离接触的条件,让他们能够在充满想象力的科幻世界中自由地遨游。

为此,父母可以根据孩子的年龄,为他们挑选一些容易阅读的科幻作品:比如,3~6岁刚接触科幻的孩子适合阅读篇幅较短、插图较多、文字较少的作品,6岁以上的孩子可以读一些篇幅较长、情节比较复杂的作品。在他们阅读的时候,父母也可以时不时地指导一下,为他们清除理解上的障碍,使他们能够更好地把握故事情节和思想内涵。

需要注意的是,孩子在阅读科幻作品的时候,受到那些富有想象力的故事情节的启发,常会冒出一些奇怪的想法,这正是他们产生了最初的科学思维的表现,父母应当予以重视。即使他们的一些想法听上去实在荒唐,父母也不要马上否定,以免会让孩子产生强烈的挫败感,对孩子的天赋发掘会非常不利。所以,父母应当鼓励孩子大胆幻想,让孩子的思维能够不受约束地自由驰骋。

另外,在孩子阅读科幻作品之后,父母不妨为他们准备一些画笔和画纸,鼓励他们将自己脑海中各种奇妙的想法画出来。这不仅能够锻炼孩子的动手操作能力,还能培养孩子大胆想象的思维品质和勇于创新的科学精神。即使孩子笔下的画面在大人眼中是那么幼稚,父母也应当给予充分的肯定和鼓励,当孩子产生了被认可的感觉,那么以后他们阅读科幻作品、研究科学知识的兴趣才会变得更加浓厚。

用益智玩具启发孩子的科学思维

玩具是孩子最好的伙伴，父母也都会给孩子购买各种不同的玩具。不过，父母可能没有想过，孩子在玩耍时也有启迪智慧、培养科学思维的机会。如果父母能够为孩子准备一些有发掘天赋、开发潜能作用的玩具，就可以让孩子边玩边学习，越玩越聪明，甚至还能"玩"成小小科学家。

案 例

刘女士在儿子奇奇很小的时候，就给他买了很多益智小玩具来发掘他的科学创造天赋。在奇奇不到1岁的时候，刘女士给他买了一个塑料小盒子玩具，这个玩具前后左右有不同形状的窗口，有三角形、圆形、菱形、多边形等。玩具还配有十几个对应形状的小模具，奇奇只有选对了模具，才能从相对应的窗口投进盒子里。若是拿着六边形的模具，想从五角星窗口扔进去，就会遭到"碰壁"的结果。奇奇玩得津津有味，到最后，他连试都不用试，就能直接把模具投入相应的孔里。这个玩具，可以说开启了他动

第九章
如何发掘孩子的科学创造天赋

手动脑研究问题的第一步。

后来奇奇慢慢长大,刘女士给他买来的玩具更是多得数不胜数,不过刘女士不会像一般的父母那样,在买玩具时不加选择。每次给奇奇购买玩具时,刘女士首先都要想一想这件玩具能不能引导奇奇学习科学知识,能不能满足他的好奇心。因此,刘女士买来的玩具大多是可以拼装的汽车、手枪、拼图等,还有儿童用的天文望远镜、显微镜、放大镜、地球仪等。

奇奇非常喜欢这些玩具,每天都会端着望远镜到阳台上去侦查一番,看看自己感兴趣的东西。至于那些小汽车、小手枪,他更是玩得不亦乐乎,一会儿拆开、一会儿再装上,所以他所有的手枪、汽车,没有一个能完好地保存下来。不过他在拆卸的过程中,也得到了无数的乐趣,动手实践的能力也越来越强了。

有一次,奇奇和刘女士一起观看一部抗日题材的电视剧。奇奇看到剧中的人物拿着一把样子奇怪的枪,就产生了浓厚的"兴趣",每次看完都问刘女士:"这手枪上面怎么还有个能转动的轮子,有什么用啊?我的小手枪上怎么没有呢?"刘女士也答不上来,只好带他一起去玩具店看有没有类似的玩具枪。营业员告诉奇奇那种枪叫驳壳枪,不过因为样式古旧,所以很少有玩具模型了。驳壳枪最终没有买到,刘女士只好买了一个后面没有轮子却有个黑匣子的枪替代。奇奇如获至宝,他拿着小手枪反复研究了一阵子,就能把手枪拆开,再装回原样。刘女士看到了,连连称赞儿子是"了不起的未来科学家"。

刘女士给孩子选玩具的方法可供父母学习借鉴。假如父母能像刘女士一样给孩子挑选适合的益智玩具，就能够让他们在快乐玩耍的同时激发出强烈的求知欲和好奇心，更可以帮助他们开拓思路，发掘科学天赋和创造能力。

比如，各种儿童用的小实验用具如放大镜、三棱镜、万花筒等就是不错的选择，它们有助于发展孩子的观察力，训练他们对事物进行观察、比较、分析、判断的思维习惯，培养孩子初步的科学能力；另外，拼图、拼板玩具、棋牌类玩具、序列玩具、分类玩具等也很适合买给孩子，它们可以帮助孩子学习各种概念和接触多个领域，还能提升他们的观察力、注意力、记忆力和思维能力。

当然，除了上述这些有助于发掘和培养孩子科学天赋的玩具外，父母还可以有选择地为他们购买一些有助于开发其他天赋智能的玩具。比如，小推车、跳绳、呼啦圈等可提高孩子的体育运动天赋；水彩笔、写字板、彩色纸等可提高孩子的绘画天赋；玩具乐器、音乐盒等有助于提高孩子的音乐天赋。

不过，需要提醒的是，孩子的玩具并非越多越好，太多的玩具可能会让孩子变得喜新厌旧，一件玩具没玩多久就厌烦了，又改玩儿另一件，这样就无法发挥用玩具发掘天赋的作用了。所以父母一定不能无限制地满足孩子的购买欲。同一时间玩的玩具种类太多，对孩子的专注力的培养也很不利。

第九章
如何发掘孩子的科学创造天赋

与此同时,父母为孩子购买玩具还要考虑孩子的身心发展规律。比如,1岁以前的孩子,还不能自如地走动,但各种感觉能力正在飞速发展,所以更适合一些能够促进感觉发展,方便触摸的玩具;1~3岁的孩子处于喜欢运动的时期,不仅喜欢爬、走、跑、跳,还喜欢进行各种操作性和探索性活动,购买玩具要选择色彩鲜艳、容易引起孩子的好奇心以及富于变化、活动性较强的玩具;3~6岁的孩子身体进一步发育,心理也有一定发展,所选择的玩具要能帮助他们锻炼肌肉,促进发育,并可购买一些有助于满足他们的心理情绪,能促进天赋提升的玩具。

此外,有些玩具不但对孩子的天赋发展没有什么好处,甚至还会损害孩子的健康,父母一定要避免购买。比如,有些会发出巨大噪声的玩具,如音乐玩具枪、玩具机动车等,会损伤孩子的听力,有些甚至会造成不可逆的听力下降。因此,父母在给孩子挑选玩具时还应该考虑噪声等因素,不要一味地求新、求奇,而应尽量挑选那些益智的玩具品种。